Career Education for Life

いのちの
キャリア教育

セルフエスティームを高める自己形成プログラム

星野欣生 監修　牧野英克 編
ハラデレック裕子・林 芳孝・間宮基文・
小塩真司・戸上昭司 著

ナカニシヤ出版

監修者の言葉

　「就職して1日でやめてしまうのですよ。あきれてしまいます」とはある病院の看護部長さんから聞いた話。看護師として入職した日，配置された職場の看護師長さんから叱られたことがその原因であるとか。にわかには信じられないようなことだが，これに似たような話は，会社などいろいろな職場で起こっているようである。何か嫌なことや困難にぶつかった時，それに向き合わず逃げてしまう。耐える力がなくなっているということもできるが，それ以前に人とも事物（事柄）とも向き合おうとしない，向き合うことを恐れる習性が身についてしまっているといえないか。勿論すべての若者がそうであるわけではない，むしろ，それは一部であるといえるかもしれないが，傾向として増えていることは間違いない。それは，若い人たちだけでなく，今の社会の傾向としてもいえるのではないかと私は思う。スマホを使ってのメールのやり取りで起こっていることも同様。学生と話しているとメールだから何でも言いたいことが言える，本音を言えるという。面と向かっては本当のことは言えない。いやな顔をされるといやだからという。

　スマホやPCとは時間を惜しんで向き合っているのだが，人と人が向き合うことが少なくなってしまった今の社会。横に並んで座るのはOKなのだが，真正面からは向き合えない。無機物である機械はものを言わない，いやな顔もしない，操作さえ間違わなければ自分の思うように動いてくれる。社会全体がそのように動いているので，誰もそれに竿さすことができないし，私たちは少なからずその恩恵に浴していることも事実である。ただ，強調したいのは，機械とのつきあいだけでは人は成長しても偏りが生まれてくるのではないかということ。人として生きていく以上，自分も含めて人や事物と向き合うことは避けてはならないし（現実は避けて通ることも可能だから困る），その中でこそ人としての成長が全うされるのではないだろうか。

　本書では，キャリア教育のはじめの一歩として，「自己形成」をあげている。私は，自己形成は自分を知る，自分に気づくことから始まると考えている。言い換えれば，それは「自分と向き合う」ことである。自分に目を向けることからすべては始まるといえば言い過ぎだろうか。また，他者と向き合うことを通して，相互に影響を与えあいながら相互成長し，関係づくりをすすめていくことも間違いない。自分や他者に気づき関係づくりをすすめていくためにはさまざまな方法が考えられる。ここでは，そのための有効にして取り組みやすい方法として，「ラボラトリー方式による体験学習」（以下，体験学習という）を用いたグループワークを中心とした学習方式を取り上げている。

　体験学習は"プロセスから学ぶ"学習である。その場にいる自分のありように光をあてる。例えば，どのような気持ちでどのように過ごしているのか。よい悪いではなく，あるがままの自分に光をあてることから自分を見つめ，自分に気づこうとするのが体験学習である。どのような自分がそこにいたのか，一緒にいた相手はどのようにしていたのか，その相手から自分はどのような影響を受け，また，影響を与えたのか，そこに目を向けることこそ，自分と向き合い，他者と向き合うことである。そして，その結果として関係づくりがすすむことになり，相互成長につながることになる。いわば自己形成を促進することになる。

　また，体験学習は"向き合う力を養う"学習でもある。学習のプロセスを通して，どのように生きるか（どのように働くのかも含めて）にたえず直面することになる。自分と向き合い，他者と向き合う，また，事物（事柄）や困難と向き合う。体験学習は学習の場で向き合う体験を重ね

ながら，向き合う力を養うことにもなる。

　本書では，さまざまな教材を提供しながら，その手順をも示している。若い人たちに，不足している要素を，教えるのでなく自分の手で探りながら獲得していけるようにプログラミングされている。自分を知るための方法を知ることになる。同時に，他者との関係づくりを推進することにもなる。それは，まさに「自立」という目標に向かって進むことになるといえるだろう。そのようにプログラミングされている。まさにキャリア形成を目的としたプログラムである。

　本書を活用することで，大学生だけでなく，一般的に若者のキャリア形成に寄与できることは間違いないことを強調したい。教室だけでなくさまざまな場で活用されることを切に望みたい。

星野欣生

はじめに

　本書は，低学年次の大学生を対象にしたキャリア教育科目としての「自己形成」に関連する授業を担当する教員の皆さんが利用者であることを想定しています。

　ひとつの「いのち」の誕生から人間関係が始まり，家族，学校，コミュニティ，社会そして人類というように，「いのち」のつながりは広がっていきます。人は社会生活において，自分で考え，自分を正し，まわりと平和的に協調をすることを求められます。その過程においては，人としての倫理をわきまえた行動が求められます。また，考えるためには知恵や知識が必要であり，自らの根底には正義がなければなりません。計り知れない潜在能力を秘めたいのちが尊厳をもって迎えられる環境の中で，豊かな知性や人間性を醸成しながら独創性を育んでいくのが，教育の究極の目標ではないでしょうか。

　本書の執筆者たち（ここでは「執筆者たち」といいます）は，バブル経済崩壊後の就職氷河期の頃から大学における就職支援活動に関わり始め，2001年からキャリアサポートプログラムの開発に着手するとともに，単発のセミナーや連続講座の開設，キャリアカウンセリング，インターンシップに至るまで包括的なキャリアサポートを大学とともに実施してきました。大学におけるキャリア教育は，時代の要請を反映して，キャリア教育科目が単位の認定される正規授業に組み込まれるなど，全体の教育カリキュラムの中で重要な位置付けがなされるようになりました。

　教育活動に従事してきた執筆者たちは，関係する大学の先生方とも協議し，まず自尊感情（セルフエスティーム）を高めて，充実した学生生活を送れるような授業内容にすることを基本に据えることとしました。その結果，1年次の前期に行う初年次教育を通じて大学生活に慣れてきたところで，1年次の後期には，自分自身を見つめ，自分自身を大切にして，意欲の源泉となるものを自分自身の中に見出すという流れで教育プログラムが構築されました。それが，本書で紹介する「自己形成プログラム」の礎になったプログラムです。

　キャリア教育プログラムは，常に時代とともに変化を続けています。しかしながら，プログラム全体に透徹する哲学や，教員としての姿勢，プログラムの扱い方に対する姿勢など，普遍的な軸が定まっていることも重要です。そこで本書では，第Ⅰ部「基礎」編と第Ⅱ部「プログラム実践」編に分け，第Ⅰ部の第1章では普遍的な哲学を，第2章では哲学からどのようにプログラムを作り出すかを，第3章では手法として中心に据えた「ラボラトリー方式の体験学習」と「ファシリテーション」について，第4章では本プログラムの効果測定の結果を記述しています。

　一人ひとりの「いのち」の尊厳を大切にし，多様な価値観のなかで，共に幸福を見出せる社会の実現に向けて，健全な倫理観をもち，自らの在る限りの力を人のために差し出せる人間を育てていくことが焦眉の急といえましょう。本書は，次代を担う若者たちの成長を願い，不退転の決意をもって作成されたものです。個の確立を図り，併せて全体との調和を目指していく道を皆さんと一緒に歩んでいきたいと念願しています。

編者　牧野　英克

目　次

第Ⅰ部　基礎編

0　本書の作成過程　　3
1　就職活動をめぐる環境の変化　　*3*
2　低学年次向けのキャリアサポートプログラムの開発と実施　　*3*
3　自己形成プログラムの誕生　　*4*
4　自己形成プログラムの目指すもの　　*5*

1　「いのち」のキャリア教育　　7
1　「生きる」ということ　　*7*
2　キャリア教育の根源としての「いのちの尊厳」　　*7*
3　自己と他者，自己と社会　　*8*
4　「ラボラトリー方式の体験学習」と教員の姿勢　　*8*
5　本書の目指すキャリア教育　　*9*

2　プログラム設計と内容　　11
1　教育理念　　*11*
2　全体設計　　*11*
3　詳細設計　　*12*
4　プログラム内容　　*13*

3　ラボラトリー方式の体験学習とファシリテーション　　17
1　ラボラトリー方式の体験学習　　*17*
2　体験学習の循環過程　　*18*
3　体験学習の基本的な構造　　*19*
4　ファシリテーション　　*20*
5　ファシリテーター　　*21*

4　「自己形成」プログラムの教育効果　　25
1　教育効果の検証内容　　*25*
2　検証方法　　*25*

　　　　3　結　　果　*26*
　　　　4　まとめ　*28*

第Ⅱ部　プログラム実践編

1　いのちについて考えてみよう ─────────── *31*

　　　　1　あいさつ，今日の予定の説明　*32*
　　　　2　「自己形成」の概要説明　*32*
　　　　3　ジャーナル記入　*33*

2　今の自分を見つめてみよう ──────────── *35*

　　　　1　導　　入　*36*
　　　　2　実習「これまで・今ここから」　*37*
　　　　3　ふりかえり・わかちあい　*38*
　　　　4　コメント，講義　*39*
　　　　5　ジャーナル記入　*40*

3　自分をオープンにしてみよう ─────────── *43*

　　　　1　導　　入　*46*
　　　　2　実習「人間コピー」　*46*
　　　　3　ふりかえり・わかちあい　*47*
　　　　4　ジャーナル記入　*48*

4　人とかかわってみよう ───────────── *51*

　　　　1　導　　入　*52*
　　　　2　実習「あの人誰だっけ？！」　*52*
　　　　3　ふりかえり・わかちあい　*56*
　　　　4　講義［体験学習の循環過程］　*56*
　　　　5　ジャーナル記入　*56*

5　自分なりのリーダーシップをとってみよう（1）──── *59*

　　　　1　導　　入　*61*
　　　　2　実習「オブジェづくり」　*62*
　　　　3　ふりかえり・わかちあい　*62*
　　　　4　ジャーナル記入　*63*

6　自分なりのリーダーシップをとってみよう（2）──── *67*

　　　　1　導　　入　68
　　　　2　実習「オブジェづくり」　69
　　　　3　ふりかえり・わかちあい　69
　　　　4　ジャーナル記入　70

7　いろんな生き方がある：人生のケーススタディ（1） ——— 73
　　　　1　導　　入　74
　　　　2　実習「なぜ働くのだろう？」　74
　　　　3　実習「彼らはみんな生きている（個人作業）」　75
　　　　4　ジャーナル記入　76

8　いろんな生き方がある：人生のケーススタディ（2） ——— 79
　　　　1　導　　入　80
　　　　2　実習「彼らはみんな生きている（グループ討議）」　80
　　　　3　ふりかえり・わかちあい　81
　　　　4　ジャーナル記入　82

9　先生の人生から学ぶ（1）：インタビュー準備 ——— 85
　　　　1　導　　入　86
　　　　2　グループワーク　87
　　　　3　ジャーナル記入　88

10　先生の人生から学ぶ（2）：インタビュー項目の発表 ——— 91
　　　　1　導　　入　92
　　　　2　発　　表　92
　　　　3　講　　義　93
　　　　4　ジャーナル記入　93

11　先生の人生から学ぶ（3）：実施インタビューの整理 ——— 97
　　　　1　導　　入　98
　　　　2　グループワーク　98
　　　　3　ジャーナル記入　99

12　先生の人生から学ぶ（4）：インタビューとその学びの発表 ——— 101
　　　　1　導　　入　102

2　発　　表　*102*
　　　3　ふりかえり・わかちあい　*102*
　　　4　ジャーナル記入　*103*

13　これまでの授業をふりかえろう ——— *105*

　　　1　導　　入　*106*
　　　2　実習「今までの授業をふりかえる」　*106*
　　　3　ジャーナル記入　*107*

14　自分が大切にしたいことを考えてみよう ——— *109*

　　　1　導　　入　*110*
　　　2　実習「私が大切にしたいこと」　*110*
　　　3　ふりかえり・わかちあい　*111*
　　　4　ジャーナル記入　*111*

15　自分で創るこれからの大学生活を考えてみよう ——— *115*

　　　1　導　　入　*116*
　　　2　実習「僕らはみんな生きていく。どうやって？」　*116*
　　　3　ふりかえり・わかちあい　*117*
　　　4　全授業を通してのコメント　*118*
　　　5　課題リポートの説明　*118*

● 講義例 ——— *121*

　　　1　「いのち」について　*121*
　　　2　「自己形成」授業コンセプト　*123*
　　　3　ジョハリの窓　*124*
　　　4　リーダーシップ　*128*

● 補足資料 ——— *131*

　　　1　ふりかえりとわかちあい　*131*
　　　2　ジャーナル　*135*
　　　3　ファシリテーターとしてのチェック・リスト　*136*

　　　おわりに　*139*

第Ⅰ部
基礎編

本書の作成過程

① 就職活動をめぐる環境の変化

バブル経済崩壊後の1990年代の後半に，いわゆる就職氷河期といわれる時代があった。買手市場の中，企業は即戦力を求めて，就職活動は早期化し，就職試験は難易度を増していた。大学側も学生支援として，就職対策講座やセミナーを開くところが増える傾向が顕著にみられた。この頃は，教室での講義形式による就職支援が中心で，内容も履歴書の書き方や面接の受け方などのスキルの指導が中心である。しかし，学生は就職活動に乗り遅れまいと意欲的に参加していた。

その後も相変わらず就職難は続き，求人票が1倍前後で推移した。求職情報がインターネット経由で入手できるようになり，就職情報サイトから直接全国の学生に公募する企業が増加している。企業側は採用数を控えても質の良い学生を採用したい，と内定時期をさらに早期化し，就職試験の難易度も上げている。SPIや時事問題・一般教養問題などで基礎学力を問う一方，エントリーシートという各企業独自の質問項目が加えられた履歴書が今では一般化している。その質問項目は，「自己PRに関すること」「大学生活に関すること」「企業に関すること」などに大別される。採用面接の際に，自己PRをし，大学で学んだことを簡潔に説明し，そして企業に対して具体的にどのように貢献できるかを要領よく伝えることは，今の学生にとって必ずしも容易なことではない。例えば，「あなたの人生のビジョンについて教えてください」という質問などに対しては，社会人の私たちでも簡単には答えられないのではないだろうか。

こうした中，「就職しない」という選択肢を含め，進路の多様化が重視されるような時代に入ってきた。大学は学生に対してきめ細かな個別の進路支援をすべく，従来の就職指導室からキャリアセンターや進路支援センターなどと組織名称を変更するとともに，支援内容の充実にも力を入れている。個別の相談に応じられるようキャリアカウンセラーを配置するのもその一例である。今では，大学低学年次からキャリアについて考える講座を設置するのが一般的になっている。また，大学側の就職支援の早期対応策としてキャリアセンターなどを中心に始まったのが，低学年次からのキャリアサポートである。そうした背景には就職活動を迎える学生が，「就職活動のために自分が何をしたらよいのかわからない」「企業を選べない」「自己の長所・短所がわからない」「自己PRが書けない」「人前で言いたいことが話せない」という状況があるからである。

② 低学年次向けのキャリアサポートプログラムの開発と実施

筆者らは，そうした状況の中で2001年から低学年次向けのキャリアサポートプログラムの開発と実施に取り組んできた。

一例として，2003年にA大学で行った大学2年生対象のキャリア教育プログラムを挙げたい。内容としては，キャリア意識の醸成を目的に，自分自身を知るためのワークショップ（「ワークショップ」という形式は，当時はまだ珍しかった），社会人による講演会とグループディスカッション，コーチングなどを実施した。その際に学生からアンケートを採ったが，その結果をまとめると，次のようになる。

［気づきについて］
・コミュニケーションの大切さと難しさに気づいた。
・他人と話すことで自分の個性に気づいた。
・価値観の多様性に気づいた。
［学びについて］
・教わるのではなく，自分で考えることを学んだ。
・働く意味を考えるようになった。
［行動について］
・まず，自分が行動することの大切さを理解した。
・意志をもって行動することが大事だと感じた。
・働くことを前向きに捉えるようになった。
［今後の課題について］
・自分に向いた仕事のイメージが湧いてこない。
・気づき，学び，行動等についてさらにきわめたい。
［総括］
・受講して意識が変わった。
・自己そのものの変化を実感でき，就職活動にかぎらず，今後の人生に生かせるものも体得できた。

このようなアンケート結果から，学生から社会人へのキャリア移行期には，本書に取り込まれた内容のキャリア教育こそが今の学生には有用なものなのだという確信を得るように至った。

③ 自己形成プログラムの誕生

本書で紹介する「自己形成プログラム」の礎になった基本プログラムは，実際にB大学で2010年度（1年次の後期）の土曜日午前中に2コマ連続で実施された。学生にとっては，この授業を取らなければ土曜日を休みにできるという時間帯である。事前の学生への説明会では，次のように呼びかけた。「土曜日午前中に行われることとなった授業ですが，土曜日まで大学に来るのは億劫だなんて思わないでください。金曜日までの各学部での授業から離れて，いろんな学部の学生が集まって，自分について考えることができる時間です。自分が本当に何に向いているのか，どんなことが好きなのか，どんな人なのか，一人で考えてもなかなか難しいのではないですか。プログラムの中で，先生とクラスメイトと一緒に自分を見つめる大事な時間として，土曜日大学に出てきませんか？」

学生の目を見ると，真剣なまなざしを感じた。本当にこの学部は自分に向いているのか，これからの大学生活をどうしていこうか，その先の将来も考えた方がいいか，やはり学生にとって自分自身は大事であるし，関心のあることなのだと，感じ取ることができた。土曜日の開講であることは不安材料であったが，その不安をよそに学生は集まってきた。不安であればあるほど，疑問をもっていればいるほど，プログラムや学生との意見の交換は刺激となり，考えの幅を広げ，自分にも，他人にも，周りの出来事にも関心をもち，意欲がもてるようになる学生が多く出てきたのである。第4章をご参照いただき，その成果を確認していただきたい。

ただ，過去15年間以上にわたって学生たちと関わる中で，年々気になっていることがある。例えば，ここ数年で携帯電話からスマートフォンに変わり（筆者らもその恩恵を受けている者の一人ではあるが），その授業中での取扱いを見ている際などに感じることである。学生の行動が様変わりしているように感じるのは筆者らだけではないと思う。ヘッドフォンをかけたまま目も合わさない学生，授業中メールの受信が気になる学生，討議を終えグループで円陣を組んだまま迎える休憩時間にスマートフォンを取り出し，グループのメンバー以外の者と連絡を取る学生は珍しくない。なぜそのような行動をとるのであろうか。感情を表に出すことをためらうのか，無感情なのか，表情に乏しい学生も増えている気がする。また，正解・不正解を気にして発言を控えていた学生も，授業が進行する中で次第に解放されていくのが通常であったが，近年ではそもそも自分の気持ちや考えに気づきにくい学生も増加している傾向があるようにも感じる。自分の本心よりも，気の利いた返答をしようという優等生的対応が染みついてしまっている学生，上辺の話がうまくできることでコミュニケーション上手だ，と勘違いして得意

になっている学生などが目につくようにもなってきた。

人類の進歩とともに私たちが生み出したものは，恩恵を与える一方で，弊害も必ず伴うものである。いつの時代も変わらず何らかの課題がある。学生の気質が変わったと感じた時，何に目を向ける必要があるのだろうか。子どもたちは，対人，環境，社会との関わりの中で育っていく。子どもは，社会の在り方や，大人たちの生き方を映し出す鏡だと捉えることもできる。学生たちがもっともらしい借りものの答えを話そうとする傾向にあるのは，自分自身が感じていること，考えていることを問われてこなかったからではないだろうか。

また，正解・不正解に重きを置き，正解だという確信がなければ答えるのは恥ずかしいという思い込みが学生の根底にあるのではないかと考える。学校のテストは，知識偏重の詰め込み型の内容のものが多く見受けられる。これに対応するための学習が一概に悪いといいたいのではない。教育の現場では，こういった学習の先に大事な目標があることを忘れてはならない。就職活動の時に問われる「あなたはどう考えるのか」という質問に答えられないのは，能力がないからではなく，自分の考えをもつための教育を受けてきていないからである。目を見て挨拶が交わせないのも，はっきりとした口調で話ができないのも，自信がもてないのも，経験が足りないのが大きな原因であると思う。

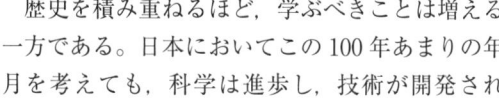

④ 自己形成プログラムの目指すもの

歴史を積み重ねるほど，学ぶべきことは増える一方である。日本においてこの100年あまりの年月を考えても，科学は進歩し，技術が開発され，それに伴って生活の仕方は多様化し，また職業も細分化されてきた。このような時代における教育の在り方は，学校の先生だけではなく，すべての人が考える時に来ていると思う。同じ時代に生きながらも，人と人が同じ気持ちをわかちあうことも簡単ではなくなった。古き時代のお隣同士は，隣人の生活も仕事も想像がついたのではないだろうか。その時代は，みんなで守るモラルも，取り組むべき課題も，共通に見えやすい環境だったのではないかと推察できる。先人たちの努力の結果，たくさんの恩恵を享受して現在がある。わが国では誰でも教育を受ける権利が平等に与えられ，食べることに困るわけでもなく，職業を選ぶ自由もある。

一方，現代では多様性が尊重されるとともに，物事が複雑にからみあうことから生じるさまざまな課題を的確に把握することは，極めて困難になってきていることも事実である。物事が多様化し，細分化した時代に，何を教育の基礎とすべきなのであろうか。また，深く専門の学芸を教授研究することを目的とする大学では，時代の進行や，基礎科学や応用技術の発展に伴い，既知の事実について学ぶことは増えているはずである。これまでの大学での専門的な学びは大学院へと移行されることで解決がつくであろうか。現状は，基礎も不十分なまま大学生になってすぐに専門を始めるというカリキュラム構成が主流といえるかもしれない。一方で，職業に結びつく学びをするのが日本における大学の役割になるのであろうか。一つの答えだけが正しいということはなく，いろいろな生き方ができるための多様な教育が求められている。学生一人ひとりが，自分はどんな生き方をするのか，自らの意志で選択できる教育の在り方を目指したいと考える。

1 「いのち」のキャリア教育

① 「生きる」ということ

　大学において行われている昨今のキャリア教育は，初年次基礎教育を含めて，就職活動支援という枠組みの中に取り込まれている感がある。学生にとって就職活動は，大学の授業よりも優先せざるを得ない様相を呈している。これが本来の大学のあるべき姿であるとは思えない。今こそ，真に大学のあり方とは何かを問う時ではないだろうか。社会や環境の変動が激しい中，現代社会の価値観を根底から揺るがすほどの事態も発生している。旧来型の社会システムが疲弊しきっている今の時代における教育のあり方は，もはや教員だけで考える時代ではない。社会全体の位置づけの中で，大学はどう社会的責任を果たすのかを考えていく時代を迎えたといえよう。キャリアを人生と捉えた時，多様な価値観の中にあって，キャリア教育は順調な就職活動や安定した社会人生活を目標にするものではなく，「生きる」ことそのものに真正面から向き合う教育である必要があるのではないだろうか。

② キャリア教育の根源としての「いのちの尊厳」

　人生において最初に迎えるキャリアの節目は，学生から社会人への変化であろう。大学を卒業すると同時に環境は激変し，人から「教えられる」立場から，自ら「学ぶ」立場へ，そして人へ「教える」立場へと変わっていく。社会人になると，役割が増え，役割の価値や自分との関係を考え，取捨選択し，決断し，行動し，その行動に責任を負うことになる。人は社会の一員としてその役割を果たす中，自他のキャリア創造を共に尊重しよ

うとすることで人のキャリア創造に与することも考えなければならない。このような環境の変化に備えるために，心の体力をつけ，自分らしい生き方を見出し，創造していくための移行期間として，大学時代は適切な時期であるといえる。

　一方で，人生も教育のあり方も多様であり，正解はない。近年は企業や行政への就職だけでなく，就農や起業など，進路も多様化しているといわれている。また，人の価値観や考え方も多様化が進んでいる。多様性が尊重されずにそれが脅威にさらされると，必ず平和が脅かされ，争いが起こることは歴史が物語っている。キャリア教育がどうあるべきかについても正解はなく，大学が百あれば，百通りのキャリア教育の考え方があってしかるべきだろう。

　本書で提示するキャリア教育プログラムも，多様な教育の一つである。しかしながら，キャリア教育に通底する普遍的かつ今日的テーマを考えてみたい。本書で取り上げる「体験学習」による教育の実践者であり，筆者らが私淑する故 R. A. メリット教授は，教育について次のように述べている。「教育は人がどこから来て『起源』，どこへ行くか『成熟』，を自分から選択し，決定していくプロセスに生きるように導く機能を持っているものである」（メリット, 1975）。では「プロセスに生きる」ための力を養うためには何が必要だろうか。昨今の学生や社会の状況を鑑みるに，一度立ち止まって，「生きる」原点をじっくり見つめ直すことからキャリア教育を始めることが必要ではないかと，本書では考えた。例えば，学生自身が自分の感覚に気づく，自分の感性を研ぎ澄ませる，「今，私はここに在る！」，「今，ここに本当に生きているんだ！」と実感する，自分の「いのち」

を大切に思い，他者の「いのち」を尊重する，そうしたものに応えるプログラムにしたいと考えた。つまるところ，「いのちの尊厳」をキャリア教育に通底するテーマとして，本書では提案したい。

本書の「はじめに」で記述したように，一つの「いのち」の誕生から人間関係が始まり，家族，学校，コミュニティ，社会そして人類というように，「いのち」のつながりは広がっていく。人は社会生活において，自分で考え，自分を正し，他人と協調をすることが期待され，また人としての倫理をわきまえた行動が求められる。そして，計り知れない潜在能力を秘めたいのちが尊厳をもって迎え入れられる環境の中で，豊かな知性や人間性を醸成しながら独創性を育んでいくのが，教育の究極の目標であると，本書では捉えている。個の確立を図り，併せて全体との調和を目指していく道を希求していきたいと考えている。一人ひとりの尊厳を大切にし，多様な価値観のなかで，共に幸福を見出せる社会の実現に向けて，健全な倫理観をもち，自らのある限りの力を人のために差し出せる人間を育てていくことを目標に本書は作成されたものである。

③ 自己と他者，自己と社会

本書では「いのちの尊厳」を根源的テーマに据え，学生に対しては主に自尊感情の向上を取り上げる。まずは「私は今，何を感じているか」に自分自身で気づき，「その自分をどう思うのか」を認知することから始める。そして，他者も同じように自己をもち，感じ，認知していることについて，互いに自己開示とフィードバックをしていくことで，気づいていく。そのことで，自分の有り様を検証していくというプロセスを踏む。

他者とかかわるという体験は，他者の自己成長にも寄与する可能性がある。主体的な学びの姿勢と，他者との関係性により感じ取ることができる相違や多様性は，その人自身の，そして互いの自己理解，ひいてはキャリアの形成に有効に機能することだろう。自他の「いのち」を尊重し，自他が「生きる」ことを慈しみ，共に生きていく感覚が養われていくことを期待する。実際に本書のキャリア教育プログラムを体験し，他の学生との意見や気持ちの交換を通じて思考の幅を広げ，自己と他者への関心を喚起することで，自尊感情を高め，意欲をもてるようになった学生も多い。

キャリア教育は，一人ひとりの人生の課題ではあるものの，社会情勢と無関係ではない。人はキャリアを形成する過程において，何らかの役割を担って行動する上で，自ずと社会とかかわりをもつ。その活動が他者を貶めたり，社会を混乱させたりするようなものであれば，それは受け入れられるものではなく，その人のキャリア形成にも大きな影響を及ぼす。キャリア教育は，自己と自己，自己と他者とのかかわりだけでなく，社会とのかかわりも含めて構築することが肝要であろう。

④ 「ラボラトリー方式の体験学習」と教員の姿勢

本書で採用する手法である「ラボラトリー方式の体験学習」（以下，「体験学習」。詳しくは第3章参照）は，多様な価値観をもった学生を一つの型に当てはめて教育することを目的にするものではない。しかし，物事の基本である型を学ぶことは無意味ではない。茶の湯，能，歌舞伎などの日本の伝統文化では，さまざまな型を身に付けることから始まり，「守・破・離」という成長過程をたどるという。その過程の中で個々人が自らの魂を入れて，体現していくことになる。言い換えると，「型」を通じて人間性が表現されるということである。体験したことを，内省し，分析し，ねらいを立て，次の体験へと踏み出すことで，新たな体験からまた学ぶという循環過程を繰り返しながら自己成長していく，というものである。

しかし，教員が肝に銘じておかなければならないのは，教員自身が学生と同時代を生きる一人の人間としてその場に一緒にいて，「独立した他者として認めあい，二人の人の間で行われる全人格的な交わり」（メリット，1985）ができているか，あるいは学生と一緒に教員自身のキャリア形成に

ついて真摯に学ぶ姿勢があるか，ということである。自ら学ぼうとする学生が自らのキャリアを形成していこうとしている時に教員ができることは，学ぼうとする者を「信頼して待つ」（メリット，1985）ことであり，「学生が各自の経験の中から真実を発見することが出来るような環境を作る」（メリット，1975）ことである。また，自身のキャリアやキャリアについての考え方を開示し，語り合うこともよいだろう。社会とのかかわりでいうと，教員自身が，自己と社会とのつながりについて，健全な倫理観を土台に考察しようとする姿勢が必要とされる。教員自身も，「体験学習」の循環過程を回し続けることで，学生と共に自己成長を図ることが求められるのである。

　筆者らが「体験学習」をキャリア教育に採用する意味は他にもある。現代の環境が目まぐるしく変化する状況にあっては，生き方の正解はなく，自分自身の自己成長と，しっかりした倫理観に基づく判断力と行動力を生かして，自分固有の答えを模索していくことを続けていかなければならないが，「体験学習」はそのことに十分寄与すると考えられるからである。人生は体験の連続である。一つひとつの体験が決して輝きに満ちたものであるわけでもない。学生から社会人への節目において，体験から自己成長していく「体験学習の循環過程」を身につけることの重要性を，ここでは強調しておきたい。

⑤ 本書の目指すキャリア教育

　本書で提示するプログラムは，B大学で4年間にわたり実践し，成果を上げたプログラムをもとに構築されている。できる限り紙面上で表現するように心がけているものの，個々の学生との面と向かった語り合いや，教室が醸し出す雰囲気などの感覚的なものを紙面上で再現するのは困難であった。本書では，学生個人がどんな生き方をするかを自らの意志で選択できるような取り組みがキャリア教育には相応しいと考える。本書を通じて，学生たちの感性を刺激し，これまでの人類の進化にさらなる貢献をしていくことに寄与することを願う。人間の感覚に訴えるものが芸術であるとするならば，キャリア教育プログラムも，その教室で語りかけられる言葉や声色も，芸術であることを目指したい。臆することなく自らが芸術的な生き方を表現し，「今，ここに本当に生きているんだ！」という実感がもてるプログラムとして世に応えられるものであると信じる。

2 プログラム設計と内容

① 教育理念

本書で述べるキャリア教育プログラムの設計（以下，本設計）にあたっては，次のような教育理念を基本においた。

「あらゆる『いのち』の尊厳のために
　愛を倫理的支柱に据え
　豊かな知性と人間性を醸成し
　個の確立と全体との調和を目指します」

これをキャリア教育の理念として言い換え，「一人ひとりの尊厳を大切にし，多様な価値観の中で，共に幸福を見出せる社会の実現に向けて，健全な倫理観をもち，自らのある限りの力を人のために差し出せる人間を育てる」とした。人生を考えるとき，人とのかかわり，社会とのかかわりは切り離せないことを鑑みて設定した理念である。キャリア教育がどうあるべきかについての正解はない。理念とは，キャリア教育に携わる者としての「意志」を問うているものであるといえよう。

② 全体設計

全体設計における基本コンセプトは，「いのちの尊厳」である。人は，「いのち」の誕生に始まって，人生の各ステージを辿りながら，自己の形成，すなわち自分づくりの道を切り拓いていく。そのために必要なのは，自分自身を大切にし，慈しむ自尊感情の向上であり，「生きる」ことに真正面から向かい合うことである。そこで，自分自身を見つめ，意欲の源泉となるものを自分自身の中に見出し，他人に対する思いやりや優しさを行動で示すことができるようになるまでのキャリア教育プログラムを目指すことにした。

このような基本コンセプトをもとに，全体設計として，8つの指針を設定した。これは，特に複数でファシリテーターが担当する場合に，共通の基本目標となるものである。

①「いのち」について考える。
②自尊感情，自分を大切にする力を高める。
③人間関係のなかで自己理解，他者理解を深める。
④考え方には，多様性があることを知る。
⑤自分を大切にし，他者への思いやりを深める。
⑥自分軸（思考や言動の軸）について考える。
⑦自分軸に基づく人生設計と行動計画を立てる。
⑧一人ひとり，それぞれ違う人生があり，その多様性を認め合い，大切にし合えるかかわりを創造する。

※自尊感情（セルフエスティーム）とは
自尊感情とは，自分に対する肯定的な感覚を意味する。幼児期に万能感をもっている子どもは，現実がわかってくるにしたがって自尊感情が低下するものの，ある時期に自分を肯定し，自尊感情を持ち直すのが通常である。今の日本の子どもは，小学3・4年から下がりはじめた自尊感情が，持ち直すことなく中学・高校と下がり続けているのだという（古荘，2009）。自尊感情は精神的に健康に生きていくための心理的基盤であり，それを守ろうとすることがあらゆる人間の社会的行動の源泉であると捉える研究者もいる（中間，2007）。今の日本の若者に対するキャリア教育の第一段階として「自尊感情の向上」に取り組むことは避けては通れない。

③ 詳細設計

全体設計から，各回のプログラムを設計していく。本書では，90分×15回の「自己形成」という名称のプログラムとした。対象者は，大学低学年次を想定しているものの，自己成長を目指すすべての学生が最初に学ぶとよいプログラム内容となっている。プログラムの具体的な内容は，第Ⅱ部に掲載している。ここでは，各回に共通する設計内容について述べたい。

(1) プログラムの順序

全体的な流れは，参加者がグループワークに親しみ，回を重ねるごとに自己開示とフィードバックをしていきやすいような組み立てとなるようにした。また，学生の気づきや学びが徐々に深まっていくよう配慮した。各回の流れとしては，自分自身に向き合い（第1～2回），他の学生との関係をつくり（第3～5回），自他の価値観（労働観，生活観等）に触れ（第6～7回），さらに他者（先生等人生の先輩）の生き方から学び（第8～12回），そして，そこまでに学んだこと・気づいたことを整理・確認し（第13回），さらに全13回の授業をもとに自分の軸となるものを探り，自分の将来を描き，アクションプランを立てる（第14～15回）という流れを作った。

(2) 手法

第3章で述べる「ラボラトリー方式の体験学習」をベースとした。体験学習では，教員が参加者に教えるのではなく，参加者が他の学習者とかかわり，その体験をとおして自分のことに気づき，学びを深めていくものである。人の主体的な学びの姿勢と，他者との関係性から相互に感じとることができる相違や多様性が，体験学習によってその人自身のキャリア形成に有効に機能すると考えている。ほかに「体験学習」が有効な手法であると判断したのは，個々人が体験していくことを内省，分析し，ねらいを立て，次の体験へと踏み出すことが自らの変化を生み，成長につながる，すなわち自己成長を図ることができると考えられるからである。また，他者とかかわるという体験から，他者に対してもその人の自己成長に寄与することにもなる。

加えて，物事の原点に立ち返りながら，アナログ的に思考を深め，発展させていくことも重視し，各プログラムの中では次のような方法を取り入れた。

① 道具を使い，想像，創造すること。
② 手を使うこと，体を動かすこと。
③ 切ったり貼ったり，自由に並べ替えたりすること。
④ 与えられた紙面の中で模索し，整理すること。
⑤ 大きな紙の中に文字を書く中でバランスを意識すること。

自分に対してはもちろんのこと，対話している相手に，またグループの全員に，真正面から向き合うことに重点が置かれている。顔を突き合わせて表情を見ながら会話をすること，人前で自分の考えや気持ちを伝えること，反発や共感を繰り返しながら，調和を意識することを大切にするようにした。

(3) 望ましいクラス編成

できるだけ多様性のあるクラス編成にすることが望ましい。大学で行う場合は，各大学の方針や他の履修科目との調整，担当教員の考えなどにもよるだろうが，できれば複数の学部や学科の学生が入り混じったクラスの構成，編成にする。これはこの授業の場を初めての出会いとし，新たな関係性をつくっていくという過程を体験すること，実習で話し合ったり，取り組んだり，わかちあいで互いにフィードバックをしあったりすることを通して，普段出会わない人の考え方や思いなどにふれ，互いに刺激し合えることが期待されるからである。

(4) 担当教員の資質と心構え

熱意と愛情をもち，学生の自尊感情を高め，潜在能力や可能性を引き出し，地道な活動を継続していける教員が望ましい。教員は，学生のもてる限りの力を引き出し，その力を人のために差し出して協働することの意義をクラスという小さなコミュニティにおいて見出すことが求められる。

「自己形成」を担当する教員は，ファシリテーターの行動基準（第Ⅰ部巻末補足資料参照）を念頭にクラス運営を行う。必ずしも確立したものである必要はないものの，教員自身が自己の社会観，倫理観，人間観などをもっていることが求められる。教員本人のキャリア形成や人間形成が，生きた素材となって学生の学びや気づきにつながる可能性がある。考えや価値観が学生を一様に方向づけるものにならないように注意しつつ，教員自身も人生の過程であり，ともに社会に生きるものとして，謙虚な姿勢で，自らも教壇に立ちながら体験学習の循環過程を体得し，成長する姿勢をもつ。

④ プログラム内容

各回のねらいと主な内容について以下に述べる。

①自分自身に向き合う

第1回目　いのちについて考えてみよう

ねらい	・いのち，人生について考える ・「自己形成」授業のねらいを知る
内容	プログラム全体の概要を伝えるとともに，授業を実施するにあたり教員がもっとも大切にしていること（「いのち」について）を伝えたり，学生の心構えが醸成されるように内発的動機づけを行ったりするための時間に使う。
	講義「いのちについて」（教員からの問いかけと応答）

第2回目　今の自分を見つめてみよう

ねらい	・自分の「これまで・今ここから」を考える ・他の人の「これまで・今ここから」を聴く ・自己開示を試みる
内容	実習は，「これまで・今ここから」を実施する。色・線・形と言葉を使って，過去から現在までの気持ちの変化を表し，それを他者へ表現してみる。 また，第3回目以降に実施される実習の基本構造（導入→実習→ふりかえり・わかちあい→コメント→ジャーナル記入）を体験する。
	実習「これまで・今ここから」 講義「授業コンセプト」

②他の学生との関係づくり

第3回目　自分をオープンにしてみよう

ねらい	・グループで作業する過程で起こるさまざまなこと（コミュニケーション，リーダーシップ，意思決定など）に気づく ・フィードバックを試みる
内　容	実習の前に自己開示とフィードバックの意味について講義を行い，実習は「人間コピー」を実施する。実習を通して自分や他のメンバー，グループで起こったこと（コミュニケーション，リーダーシップ，意思決定など）をふりかえり，自分が気づいたこと，感じたことなどについて自己開示とフィードバックをする。
	講義「ジョハリの窓」 実習「人間コピー」

第4回目　人とかかわってみよう

ねらい	・他者と知り合う ・積極的にかかわることを試みる（言ってみる，聴いてみる，尋ねてみる，表現してみる，……）
内　容	前回に引き続き，他者とコミュニケーションをとることで気づきや学びを得る場とする。講義は「体験学習の循環過程」を行い，実習は「あの人だれだっけ？！」を実施する。 他者とかかわることを通して，自分，他者，グループについて気づいたり，感じたりしたことを，ふりかえり，わかちあいをすることで明確化し，内省していく。
	講義「体験学習の循環過程」 実習「あの人だれだっけ？！」

第5, 6回目　自分なりのリーダーシップをとってみよう

ねらい	・グループで活動する上でのメンバーの機能について考える ・自分，他のメンバー，グループを観る ・自分のとれるリーダーシップを試みる
内　容	第5回目と第6回目の授業として行う。今回もグループワークに取り組み，他者とかかわる中で自分がグループでやれることを考える場とする。講義として「リーダーシップ」を行い，実習は「オブジェづくり」を実施する。第5回目の授業では，グループづくりとグループでの制作のための企画の打ち合わせ，第6回目の授業で制作に取り掛かり，自分がとれるリーダーシップを試みる。 体験学習の循環過程に基づき，ふりかえりやわかちあいで自分が考え，「次はどうする？」と設定したことを試行する場とする。
	講義「リーダーシップ」（5回目） 実習「オブジェづくり」（5, 6回目）

③自他の価値観（労働観，生活観等）に触れる

第7, 8回目　いろんな生き方がある　人生のケーススタディ

ねらい	・グループでの話し合いを通して，さまざまな考えや価値観があることを知る ・生きていく上で，自分が大切にしたいものを見つめる ・30歳までの自分の生き方をイメージしてみる
内　容	第7, 8回目の授業として「人生のケーススタディ」を行い，働くこと・生きること・価値観について学ぶ。自分の価値観に気づき，他者の価値観を知ることで，さまざまな価値観があることを体験から学ぶ。また，異なる価値観の者同士で合意形成を行うことを通して学びを深める。
	実習「なぜ働くのだろう？」（7回目） 実習「彼らはみんな生きている」（7, 8回目）

④他者（教員等人生の先輩）の生き方から学ぶ

第9～12回目　先生の人生から学ぶ

ねらい	・先生は自分の自己形成をどうしてきたか，どうしていこうとしているかを知る ・他の人の生き方から学び，自分の生き方を考える
内容	第9回目から第12回目まで全4回連続で，先生（または職員等）の人生から学びながら，生き方について考える。まずは，学生自身で主体的にグループを決める。そしてグループごとに先生にインタビューをするための事前準備，インタビュー実施，インタビュー内容のまとめ，そして発表を行う。 人生の先輩はどのような自己形成をしてきたのか，また今後どうしていこうとしているのかを知り，それを自分の今後の自己形成の糧とするためのプログラムである。
	講義「マナーの心得」 グループ活動「先生（または職員等）へのインタビュー」

⑤いままでの授業で学んだこと，気づいたことを整理・確認する

第13回目　これまでの授業をふりかえろう

ねらい	・これまでの授業12回をふりかえり，学んだこと，気づいたことを明確にする
内容	これまでの授業を各回のふりかえりやジャーナルをもとに整理し，授業からどのような学びや気づき，変化があったか，明確にする。
	実習「今までの授業をふりかえる」

⑥自分軸を探り，将来を描き，アクションプランを立てる

第14回目　自分が大切にしたいことを考えてみよう

ねらい	・私が大切にしたいこと（自分の核とすること，自分軸，……）を考える
内容	前回の授業でこれまでの授業をふりかえったことなどをもとに，自分自身のことを見つめ，考える時間とする。実習は「私が大切にしたいこと」を実施し，自分が大切にしたい言葉をキーワード集から選んで，時間軸と重要度軸で配置していく。 これまでの授業をふりかえり，思ったこと，気づいたことから自分が大切にしたいことを言葉にし，自分の価値観－自分軸－について考える。
	実習「私が大切にしたいこと」

第15回目　自分で創るこれからの大学生活を考えてみよう

ねらい	・自分の想いを実現・達成するプロセスをつくる
内容	前回取り組んだ「私が大切にしたいこと」をベースに，今回「こうなりたい私」をイメージし，文章化した後に，現実のものにするための具体的な行動プランをつくる。 自分の大切にしたい価値観と表現したイメージをもとに，将来へ向けての具体的な行動やチャレンジすることを明らかにし，体験学習の循環過程を回すステップとする。
	実習「僕らはみんな生きていく。どうやって？」

3 ラボラトリー方式の体験学習とファシリテーション

① 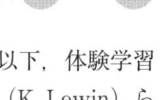 ラボラトリー方式の体験学習

ラボラトリー方式の体験学習（以下，体験学習という）は，1947年にK.レビン（K. Lewin）らが開発し，人間関係のトレーニング，自己成長，コミュニケーション能力向上，チームワーク能力，組織開発などの領域で活用されている。

ここでいう体験学習とは，学習者（体験学習に参加し，学習する者）のニーズを尊重し，実験的・試行的に学習を行いながら集団や個人の行動変容を目指すものである。「ラボラトリー」とは，実験室という意味ではなく，集団を用いて個人の社会的再適応と社会環境の再組織化を遂行することを目指した現場実験・研究・教育を統合しようとするアクション・リサーチのフィールドを指している（津村・石田，2003）。

体験学習は，概念学習と比較することで理解しやすくなる。

概念学習は，知的学習ともいい，いわゆる知識伝達型の教育である。過去に獲得した知識を教員が伝達し，それを記憶するというのが主な形態となる。体験学習は参加型の教育であり，主にグループ体験を通じて今ここでの自分の体験を他者と共に総合的に検討することによって変化・成長を生み出すことから，態度的学習ともいえる（津村・山口，1992）。誰かを実験するということではなく，"自分を試みる場"という意味で「ラボラトリー方式の体験学習」といわれている。

図3-1は津村（2012）による「概念学習と体験学習との比較」である。

大学におけるキャリア教育において，必ずラボラトリー方式の体験学習が採り入れられなければならない，というわけではない。社会人となり，社会人として歩んでいくために大学生のうちに習得しておくべき知識は多々ある。概念学習は，こうした知識を伝達すること，教えることに向いている。

体験学習は，気づきの学習であり，学習者同士がかかわり合い，時にぶつかり合いながら刺激を受け，刺激を与えながら，共に学んでいく。自分の"今"のありようを知り，他者を知り，グループやチームを知ることにつながる。

```
          概念学習と体験学習の比較

      概念学習                    体験学習

   知識伝達型教育                気づきの教育
  答は学習者の外にある         答は学習者の中にある
  教える者―教えられる者            共に学ぶ者
     目標を与える               目標を見つける
       受動的                     能動的
         ↓                         ↓
   知識習得・文化伝承型         人間中心・問題解決型
       結果指向                  プロセス指向
```

 図3-1 概念学習と体験学習との比較（津村，2012）

大学生生活を，そして社会人生活へとキャリアを創造していくために，概念学習と体験学習とが相補的に実施されることが，自立していく大学生を支える学習として重要であると考える。習得した知識をただ鵜呑みにするのではなく，自ら考え，選択し，判断し，行動に移す，そして自らの行動に責任をもち，自身のキャリアを築いていく。

前章で述べているように，大学低学年生の自尊感情（セルフエスティーム）を高めるために体験学習が有効であると推断し，本書では主に体験学習の手法を採用した。ただし，体験学習のプログラムを実施している授業でも体験学習の効果を高めるために，小講義として概念的な知識を提供している場合もある。

体験学習の採用の可否は，実施しようとしている学習者のニーズとプログラムのねらいによる。教員は，学習者（以降，"学習者"を"学生"とする）のグループ体験による相互作用が学生にとって学びが多いかどうかの判断をすることが求められる。

② 体験学習の循環過程

体験学習では，まず「実習（エクササイズ）」を行う。学生は「実習」に取り組むが，それをやっただけではただゲームをやった，楽しんだということで終わってしまう。体験学習で重要なことは，「実習」をしたこと，グループで共に取り組んだことを通して，学生がどのような「体験」をしたか，ということである。

図 3-2 は「体験学習の循環過程」を表す。

学生は「体験」した後，「体験」したことを「みる」。何を話したか（話題）とか，どんなことをしたか（課題），どのような結果だったかといった内容だけでなく，自分の中に，相手の中に，関係の中に，グループの中に，また組織の中に何が起こっていたか（What's happened?）に気づいたり，どんなことが起こっていたかというデータを集める（津村・石田, 2003）。体験学習ではこのために「ふりかえり」と「わかちあい」を行う。「ふりかえり」は，主にふりかえり用紙を使って学生が個人記入し，「わかちあい」はふりかえり用紙をもとに共通のグループ体験をした学生同士がフィードバックしあう。

こうして集められたデータをもとに，学生自身がなぜそのようなことが起こったのかを「考える」。自分が自分について気づいたこと，感じたこと，思ったことを考えたり，他の学生が自分について気づいたこと，感じたこと，思ったことの違いから，自分自身のありようを考える。分析を試みたり，体験の意味することを考えたり，自分，他者，グループの問題点を考察したりする。

こうして考察されたことをもとに，次の機会や新しい場面で学生が成長のために具体的に試みる行動を考えるのが「次はどうする？」である。成長のための仮説化ともいう（津村・石田, 2003）。仮説化を通して自分が新しく試みようとする行動目標を計画し，実験的に「試みる」ことにつなげる。そして，新たな「体験´」としてやってみる。

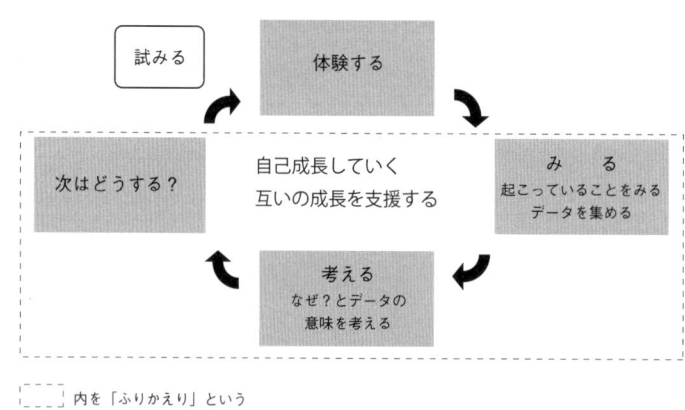

図 3-2　ラボラトリー方式の体験学習の循環過程

こうした一連のサイクルを回すことを「体験学習の循環過程」という。この循環過程を回していくことは，学生が自分の今のありようを知り，学生自らが自分のなりたい自分になるよう試行を繰り返すことになり，自分が自分を成長させることにつながる。また，他の学生に対してわかちあいをすることで，その学生たちにとっての成長を手助けすることになる。

第Ⅱ部で述べる15回の授業は，実習を実施した後にふりかえりとわかちあいを行っている。学生は，「前回でのふりかえりとわかちあいをもとに，今回は新たな自分を試みる」という体験を積み重ねる。「体験学習の循環過程」は，継続して繰り返し，実施していくことで効果が期待される。そして，「体験学習の循環過程」を回すことを身につけることによって，それが学習の場のみならず，日常の生活の場における体験においても循環過程を回すことができるようになり，自らが自らの成長を促すことになる。本書がキャリア教育において体験学習を採用している理由の一つは，そこにある。

③ 体験学習の基本的な構造

体験学習は，基本的に以下のような構造をとる（津村, 2012）。

(1) 導　入
授業の初めに，配付する日程表に基づき，今日の授業の「ねらい」を伝える。この場合，全授業の「全体のねらい」から今日の授業の「ねらい」とその理由を説明したり，前回の授業の様子や結果から今日取り組む授業の「ねらい」を話したりして，なぜ今回このプログラムを行うのかを理解してもらう。その後，今日のプログラムの手順や流れを説明する。

(2) 小　講　義
必要に応じて小講義を行う。小講義では，体験からの学びを学生が広げたり，深めたりして一般化することを促進するために，概念的な知識や情報を提供する。本書では「体験学習の循環過程」，「ジョハリの窓」などがこれに当たる。小講義は，主に認知的モデルを提供し，実習での気づきを日常生活の中へ転移させやすくする働きがある（津村, 1992）。場合によっては，授業の最後に行うこともある。

(3) 実習の実施
実習（エクササイズ）を行う。実習は，ねらいに照らして適したものを検討し，行う。学生が実習の課題の目標と内容をしっかり理解できるように読み合わせをしたり，質問があるか問いかけたりする。

(4) 結果の発表と正解の発表
学生が取り組んだ実習の結果や成果を発表する。実習に正解がある場合は，正解を発表する。正解か不正解かにかかわらず，学生が取り組んだことをねぎらう。とくにうまくいかなかったグループにはていねいに対応し，そのことに対して評価したり，批評したりしない。ここで実習についてはきちんと完結し，気持ちの切り替えをして，ふりかえり用紙に向かえるようにする。

(5) ふりかえり用紙記入
主にふりかえり用紙を使う。体験したことをもとに，自分や他のメンバー，グループを冷静に内省・観察する時間とする。最初の授業では，ふりかえり用紙を書く目的，意図，内容を読み合わせをしたりして説明する。

具体的な実践方法は，巻末「補足資料①ふりかえりとわかちあい」を参照していただきたい。

(6) わかちあい
ふりかえり用紙に書いたことをもとに，グループでわかちあいを行う。わかちあいをする目的，意図，わかちあいをする手順を説明する。わかちあいをすることで，他のメンバーや自分への気づきを広げるチャンスであることを伝える。

具体的な実践方法は，巻末「補足資料①ふりかえりとわかちあい」を参照していただきたい。

(7) 全体わかちあい
わかちあい終了後，インタビューをしたり，コ

メントをしたりする。学生の学びを拾い出し、学びを概念化したり、学びの確認や次の新しい場面で学びを活用できるよう支援をする。また、気づいたことや学んだことを日常生活につなげるようなコメントをしたりする。

具体的な実践方法は、巻末「補足資料①ふりかえりとわかちあい」を参照していただきたい。

(8) ジャーナル記入

授業の最後にその日の授業で気づいたことや学んだことを書き、提出を求める。

具体的な実践方法は、巻末「補足資料②ジャーナル」を参照していただきたい。

④ ファシリテーション

星野（2013）によれば、ファシリテーションとは「対象（個人、対人間、チーム、組織）となるものが、直面しているさまざまな障がい（心理的、物理的）を、自ら取り除き、目標達成をすすめていけるように、援助促進すること」である。

体験学習を行う場合、教員はファシリテーションを行う人－ファシリテーターとして学生とかかわることが求められる。本書で紹介するプログラムは、体験学習によるグループワークが主体である。グループワークでは、学生が主体的、能動的に、互いに刺激や影響を受けあいながら学んでいく。ファシリテーターは、学んでいく学生や、学生が学んでいくための安全な環境をつくり、守るための援助や促進をしていく役割を担う。

星野（2013）は、「人が人を援助する形」を図3-3のように表している。

「教示」は、一方的に指示をして、教員の思う方向に学生を引っ張っていくやり方である。学生にとっては指示に従ってやればよいので、方向ややり方などを自分で考えたり、検討したりする必要はなくなる。学生は依存的になり、自分で考え、判断することが少なくなることが予想される。

「指導」は、「教示」と比べて少し学生の側に立っているが、教える側が中心となる。学生が困ったり、戸惑ったり、行き詰ったりしたときに、すぐに教えたり、答えを提示したりする。学生にとっては、なにかあったときには教員が導いてくれるという安心感はあるが、自分たちで解決を図る意欲が損なわれ、最終的に依存する気持ちをもたせることになる。

「助言（アドバイス）」は、上記二つと比べ学生の立場に立って、学生の考えも聞きながら適切な方法を伝えていく。学生自身や学生の置かれている状況、環境を考慮した上での助言は、学生が自分で事をすすめていく動機づけに役立つ。

「ファシリテーション」は、学生中心のかかわり方である。常に学生の側に立ち、教える側は脇役を担う。学生自身が置かれている状況や環境に自ら気づき、自ら判断し、行動をとるためのかかわりをもつ。学生を尊重し、学生の決断を尊重し、自立を促すかかわり方を心がける。

教員としてどの援助の形を選ぶかは、授業のねらいや内容や形態、学生の状況や学生同士の関係性、教員と学生の関係性など、いろいろな要素を考慮する必要がある。大切なことは、特にグループワークを採り入れた体験学習では、学生が自ら学びを得ること、学生同士のダイナミックスから学生が学ぶことができる安心安全な場をつくること、そのために教員が学生に対してどの援助の形が最適かを判断し、選択することである。

教示	自分中心	教	他立（依存）	過保護・過干渉
指導	↕	↕	↕	↕
助言（アドバイス）				
ファシリテーション	相手中心	育	自立（相互依存）	引き出す・受容

図3-3 人が人を援助する形 （星野, 2013）

⑤ ファシリテーター

(1) ファシリテーターの行動基準

教員がファシリテーターとして学生とかかわるために，行動のベースとなるものを以下に述べる（星野，2003）。

① 相手中心であること

学生は教員から教わるのではなく，学生自ら学ぶ。主体は学生であり，教員ではない。ともすると"学生に対して良かれと思ってしてやっているのに"，と思う場合もあるかもしれない。それが良いことである場合もあろうが，学生にとってはまだそれを受け入れられる時期ではないかもしれない。学生が自らの力で学ぼうとしていることを阻害しているかもしれない。学生の依存性を高める結果になっているかもしれない。目の前にいる学生の心理的，物理的な状況をよく観て，そのままを受け入れることが求められる。そのために，学生が発している"からだのサイン"に目を向け，そこから"何か"を受けとる感受性を高めることが大切となる。

② 個の尊重

学生は，それぞれがそれぞれの個性や能力をもっている。考え方や行動の仕方も人によって異なる。それらの違いは，グループでのワークへの取り組みの際などに発揮される。発揮されることにより，学生が自身の個性や能力を知るきっかけにもなる。

こうしたダイナミックスがいかんなく発揮されるように，学生自身がもっている能力を自らの力で引き出せるよう援けることが大切である。そのため，ファシリテーターは自分の考えを押し付けることなく，学生の考えを尊重していくことが望まれる。

③ 非評価の姿勢

学生の態度や行動の良し悪しを評価することを極力避ける。評価すること自体が悪いというのではなく，その評価はなにを基準としているか，評価をすることが学生にどのような影響を与えるかを心得ておくことが大切である。また，学生がその時とった態度や行動の一つを取り上げて，その学生のすべてを決めつけたりすることがないように注意する必要がある。

たとえば，グループワークでの学生の積極性や協調性が欠けているように見受けられたとすると，その学生の能力や性格までも評価してしまう恐れがある。積極性があるかないか，協調性があるかないかなどは，その教員のフィルターを通して見た学生への評価であることがある。態度や行動に現れていないように見受けられたとしても，当人にしてみれば懸命に最善を尽くそうとしていたかもしれない。そこに良い悪いでかかわると，学生は防衛的になったり，やる気を失ったり，教員を信頼しなくなったりする。できる限り評価的に見ないで，そこに起こっていることをあるがままにとらえることが大切となる。

④ 非操作ということ

教員が学生のことを思う気持ちは大切である。その気持ちが「良かれ」と思った行動となる時に気をつける必要がある。それが学生を自分の思う方向にもっていこう，自分が期待する姿に近づけようとするところがあるとすると，注意を要する。仮に教員が積極性をもたせようと働きかけをしたことが，すでに積極的に行動しようと試みていた学生を混乱させる場合がある。そうではない学生でも，教員の意向に添うための行動を選ぶことも考えられる。いずれの場合でも，学生自身の意思とはかけ離れたところになる恐れがある。また，学生には学生の成長のペースがあり，ステップがある。ファシリテーターとしては，学生のありたい方向に関心をもち，学生にとってそれを学生自身が見つけ出して，取り組みやすいようなかかわりや働きかけをすることが大切となる。

⑤ ともにあること

学生にとって，仮にグループワークがうまくいかなかったと思えるようなものであっても，教員がいつも自分を理解し，受け止め，共感しようとしてくれる存在であることが重要となる。いつ，いかなる時でも自分を信じてくれている人がいる安心感があって，学生は自分がなりたい自分を目指してさまざまな試みを行うことができ

る。教員にとって，学生との信頼関係の構築が不可欠となる。教員のファシリテーターとしてのありよう，かかわり方，働きかけが，学生の自立に大きく影響を与える。教員と学生が相互依存——interdependent——の関係をつくり，ともにあることが望まれる。

(2) ファシリテーターに必要なスキル

教員が，ファシリテーターとして磨いておくとよいスキルを以下に述べる。

① 受容する

ファシリテーターは，目の前にいる学生一人ひとりを受容する。一人ひとりの学生の中で起こっていること，グループに起こっていることを受容し，受け止める。ファシリテーターにとってそれが自分の考えや意向とは違う場合でも，学生にとってこうしたほうが効率や生産性がよいという思いなどがあったとしても，学生のありのままを受容する。そのために，傾聴することが重要となる。

傾聴は，話を聞くということだけではない。話している学生の意図していることはなにか，その真意はなにか，どのような気持ちで話しているかといった，学生の中で起こっていることに注意を払うことが大切となる。

② 観察する

ファシリテーターが学生の中で起こっていること，グループに起こっていることを扱うためには，起こっていることを観察する必要がある。以下に観察する際の留意点を述べる。

- グループで話し合っている話題や内容も大事であるが，学生一人ひとりの様子や動き，グループの動きをよく観ること。できれば，起こっていることを具体的にメモしておくと，それをデータとして使うことができる。
- ファシリテーター自身の目に映ったこと，その時に感じたことなどを，些細なことであってもよいのでメモをしておく。特に，ノン・バーバルの部分に着目する。その際，どんなことから自分はそう感じたかといったデータを残しておく。
- 学生の発言や行動が，他の学生やグループに対してどのような影響を与えたかを具体的にメモする。ただし，ファシリテーターの主観ではなく，実際に起こったことを取り上げる。
- できるだけ良い悪いの判断はしない。ありのままにとらえる。

③ 待つ

学生の中で起こっていること，グループに起こっていることは，基本的に学生たちのものである。起こっていることをどのように扱うか，起こっていることから何を学ぶかは学生自身が探り，決める。たとえ間が空いたとしても，その間をどう扱うかは学生たちが決める。ファシリテーターとしてつい口出しをしたり，手助けをしたくなる場面もあろうが，"働きかけ"た後の影響を考えた上での"待つ"判断と行動が求められる。

④ 選択する

ファシリテーターは選択が迫られる。今は待つ（働きかけない）時か，働きかける時かの選択がある。働きかける時に，誰に，あるいはグループ全体に働きかけるかの選択がある。どのような働きかけをするかの選択がある。大切なことは，学生自身が気づいたり学んだりするのに，最善と思われる行動を選択することである。

⑤ 働きかける

「介入する」ともいう。ファシリテーターが働きかけることは，学生たちにとって大きな影響を与える可能性があることを心に留めておく必要がある。働きかける際の留意点を以下に述べる。

- 働きかける意図を明確にする。どのような意図があって働きかけているのかがはっきりしていないと，学生は混乱する可能性がある。
- データを取り上げ，できる限り具体的に言う。
- できる限り良い悪いといった評価は避ける。
- 働きかける学生に押し付けることをしない。それによってどうするかは学生本人に任せる。
- 働きかけているのは，「あの時，あの場で起こったこと」についてであることを強調する。起こったことは制限的であり，いつもそうであると言っているわけではないことを明確にする。
- 「私は」と，第一人称で言う。"私にとって"どうだったか，どう見えたか，どういう影響を与えたか，といった伝え方を心がける。「あなたは……」を主語とすると，こちらの決めつけであったり，推測であったりし，相手は受容しにくく

なる場合がある。
- 学生が受け入れやすいように配慮する。承認したり，賞賛したり，できる限りポジティブなことを先に伝える。ネガティブなことは伝えるとしても後回しにし，できる限り学生の意図や思いを汲んだ上で受け入れやすいようにする。

⑥ 自己洞察する

ファシリテーター自身が自分の取った態度や行動を内省し，検証する。

- ファシリテーターのかかわりや働きかけがどのような影響を与えたか。その結果，どのようなことが起こったか。
- どの時に，誰に，どのような働きかけをする可能性があったか。他の選択肢はあったか。
- 今回のかかわりや働きかけを踏まえて，次回にどのように活かしていくか。

ファシリテーターも自身の体験学習の循環過程を回し，さらに成長していくことを目指す。ファシリテーターが複数いる場合，互いにフィードバックしあうのもよい。

巻末「補足資料③ファシリテーターとしてのチェック・リスト」に，教員が体験学習の循環過程を回すために役立つように，チェック・リストと教員用のふりかえり用紙を載せたので，参考にしていただきたい。

4 「自己形成」プログラムの教育効果

① 教育効果の検証内容

　第2章を通じて，「自己形成プログラム」の授業がどのようなステップを踏んで展開するかが示されてきた。本章では，このプログラムが受講生に対してどのような教育効果をもつのか，その検討結果を紹介したい。なお，ここで報告する内容は，小塩・ハラデレック・林・間宮（2011），小塩・ハラデレック・林・間宮・後藤（2012），佐藤・小塩・ハラデレック・林・間宮（2013）で報告した内容をまとめたものである。

　このプログラムでは，自己の成長を促すことで，キャリア意識の形成へとつなげることを目的としている。したがって，実際にこのプログラムを実施する前後で，そのような自己意識や自己評価の変化が生じるのか，また将来に向けての展望や職業への意識が向上するのかを検討することが，「自己形成」プログラムの教育効果の検証となる。なおここで検証したプログラムの詳細は，ハラデレック・林・間宮・小塩（2011）に示されている。本書においてこのプログラムは90分の授業16コマで構成されているが，ここで検証したプログラムは90分授業を2コマ連続，8回で構成されていた。

　さらにこの検証を行う際には，プログラム前後の得点変化が日常の大学生活を送る中で生じたものであるのか，あるいは「自己形成」プログラム独自の可能性があるのかを明確にする必要がある。そこで，このプログラムを受講していない学生と受講している学生との比較を行い，プログラムの受講生においてのみ独自の効果が見られるかどうかを確認する。

　また，「自己形成」プログラムがより一般的に教育効果をもつというためには，異なる学生に対しても同じような効果が生じるのかどうかを検討することが重要である。そこで，この教育効果が特定の年度でのみ見られるのか，あるいはこのプログラムが実施された複数の年度で共通して見られるのかどうかについても検討する。

② 検証方法

(1) 使用した尺度

　自尊感情　自尊感情（セルフ・エスティーム）は，自分自身に対する肯定的感覚の程度であり，多くの心理学の研究で扱われてきた概念である。自尊感情の高さは，自分自身を尊重し，自己の価値を認めることを意味している（Rosenberg, 1965）。この検証では，桜井（2000）によるローゼンバーグ自尊感情尺度日本語版を使用した。この尺度は，「私は自分に満足している」「私は自分には見どころがあると思う」など10項目で構成されている。それぞれの質問項目に対して，現在の自分に最もよく当てはまるものを「いいえ（1点）」から「はい（4点）」までの4つの選択肢のなかから選んで回答を求めた。

　進路選択に対する自己効力　自分自身がどの程度うまくできるかという予期・予想を効力予期という。そして，ある物事に対して認知された効力予期を自己効力という。進路選択に対する自己効力尺度（浦上, 1995）は，進路選択に対して認知された効力予期である自己効力を測定するものである。この尺度は，「自分の能力を正確に評価すること」「自分が従事したい職業（職種）の仕事内容を探すこと」「一度進路を決定したなら『正しかったのだろうか』と悩まないこと」など全30項目からなっており，各項目についてどの程

度自信があるかについて，「まったく自信がない（1点）」から「非常に自信がある（4点）」までの4段階で回答を求めた。この得点が高い者ほど，進路選択がうまくいくと認識しており，進路選択行動を積極的に行う傾向があることを意味する。

時間的展望 より遠くの将来や過去の事象が現在の行動に影響する時間的展望の広がりを測定するために，時間的展望尺度（白井，1991）を使用した。この尺度は「私の将来は漠然としていてつかみどころがない（逆）」「毎日がなんとなく過ぎていく（逆）」「私の将来には希望がもてる」などの19項目からなり，自分自身にどれくらい当てはまるかについて「当てはまらない（1点）」から「当てはまる（5点）」までの5段階で回答を求めた。この得点が高い者ほど，過去や未来へと広い時間的な展望をもつことを意味する。

(2) 調査対象者と手続き

ここでは，2010年度から2012年度までの3年間の結果を報告する。この3年間の調査対象者の概要を，表4-1に示す。「自己形成」プログラム受講者全員に対し，プログラムの初回開始時（プレテスト）と最終回終了時（ポストテスト）に調査を行った。また対照群として，プログラムを受講していない一般教養科目の受講生に対して，プログラム受講者とほぼ同時期にプレテスト・ポストテストへの参加を求めた。

なお，この調査が行われた当時の授業は，毎週の授業時に2回の授業が行われ，16回のプログラム内容が8週間で終了するスケジュールであった。そして，大学の半期の授業期間の前半8週と後半8週わかれて学生たちは受講していた。表4-1に示されたプログラム受講者の人数は，この前半の受講者と後半の受講者の合計の人数である。

③ 結果

(1) 自尊感情

自尊感情得点の「自己形成」プログラム受講生と対照群ごとの平均値を，調査年ごとに図4-1に示す。分散分析を行ったところいずれの調査年度においても交互作用が有意であった。図に示されているように，統制群の自尊感情がプレテストとポストテスト間でほとんど変化していないのに対し，「自己形成」プログラム受講者はいずれも上昇している。なお，2010年度と2012年度に関しては，プレテストの時点でプログラム受講者と対照群との間の自尊感情得点に開きが見られる。これは，これらの年度でこのプログラムに興味を抱き実際に受講した学生は，もともと自尊感情が低かったことを示唆している。しかし，プレテスト時点で対照群との平均値の差がほとんど見られない2011年度においても，ポストテストの時点では「自己形成」プログラム受講者の方が自尊感情の平均値が上昇していた。

なお，各年度のプログラム受講群におけるプレテストとポストテストの平均値と標準偏差に基づいて効果量を算出したところ，2010年度では$d = 0.31$（プレ $M = 28.86$, $SD = 4.57$; ポスト $M = 30.48$, $SD = 5.72$），2011年度では$d = 0.26$（プレ $M = 29.56$, $SD = 4.73$; ポスト $M = 30.84$, $SD = 4.99$），2012年度では$d = 0.40$（プレ $M = 28.85$, $SD = 5.29$; ポスト $M = 31.00$, $SD = 5.57$）であり，いずれの年度についても小さな効果が認められた。以上のことから，このプログラムは自尊感情の向上に対して，小さいながらも有意な効果をもつと

表4-1 各年度の調査対象者の概要

	プログラム受講者	対照群
2010年度	プレテスト142名，ポストテスト128名，照合後122名	プレテスト・ポストテスト両方に参加した45名
2011年度	プレテスト143名，ポストテスト131名，照合後117名	プレテスト・ポストテスト両方に参加した98名
2012年度	プレテスト91名，ポストテスト83名，照合後79名	プレテスト380名，ポストテスト339名，照合後234名

時において 70 から 72 点程度であった得点が，ポストテスト時においては 76 から 78 点程度へと上昇していた。

なお，各年度のプログラム受講群におけるプレテストとポストテストの平均値と標準偏差に基づいて効果量を算出したところ，2010 年度では $d = 0.52$（プレ $M = 70.24$, $SD = 12.51$；ポスト $M = 76.73$, $SD = 12.50$），2011 年度では $d = 0.47$（プレ $M = 70.25$, $SD = 14.61$；ポスト $M = 77.14$, $SD = $

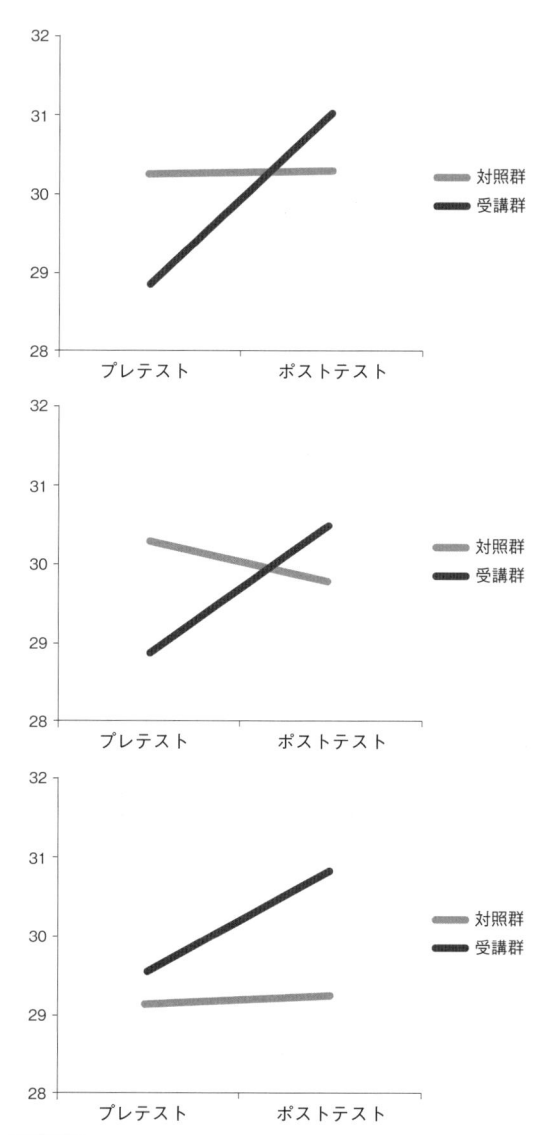

図 4-1 プログラム受講前後・受講群と統制群の自尊感情得点（上：2010 年度，中央：2011 年度，下：2012 年度）

いうことができる。

(2) 進路選択に対する自己効力

進路選択に対する自己効力得点について，受講群と対照群，プレテスト・ポストテストごとの平均値を図 4-2 に示す。分散分析の結果，いずれの年度においても有意な交互作用が認められた。対照群となった学生たちの得点の様子が調査実施年度によってまちまちであるが，プログラム受講者についてはいずれの年度においても，プレテスト

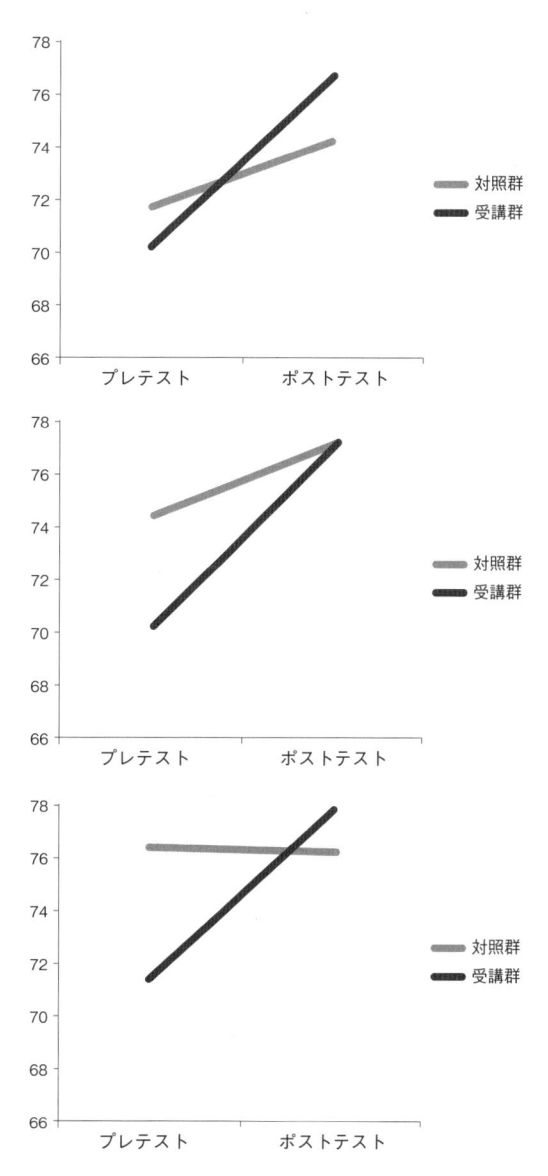

図 4-2 プログラム受講前後・受講群と統制群の進路選択に対する自己効力得点

（上：2010 年度，中央：2011 年度，下：2012 年度）

14.63),2012年度では $d = 0.46$(プレ $M = 71.37$, $SD = 14.08$;ポスト $M = 77.78$, $SD = 13.95$)であり,いずれの調査年度においてもおおよそ中程度の効果が認められた。以上の結果から,「自己形成」プログラムは進路選択に対する自己効力得点の向上に対し,中程度の有意な効果をもつといえる。

(3) 時間的展望

時間的展望得点について,受講群と対照群,プレテスト・ポストテストごとの平均値を図4-3に示す。分散分析の結果,2010年度の交互作用は有意傾向にとどまっていたが,2011年度および2012年度においては有意な交互作用が認められた。図4-3に示されているように,いずれの調査年度においてもプログラム受講群の時間的展望得点は,プレテストからポストテストにかけて上昇していた。

なお,各年度のプログラム受講群におけるプレテストとポストテストの平均値と標準偏差に基づいて効果量を算出したところ,2010年では $d = 0.31$(プレ $M = 55.41$, $SD = 9.86$;ポスト $M = 58.59$, $SD = 10.74$),2011年では $d = 0.34$(プレ $M = 57.27$, $SD = 11.02$;ポスト $M = 60.88$, $SD = 10.37$),2012年度では $d = 0.42$(プレ $M = 54.85$, $SD = 11.03$;ポスト $M = 59.54$, $SD = 11.29$)であり,いずれの年度についても小さな効果が認められた。以上のことから「自己形成」プログラムは,時間的展望の広がりに対して小さいが有意な効果をもつといえる。

④ まとめ

以上の結果から,「自己形成」プログラムは,自尊感情の向上,進路選択に対する自己効力得点の上昇,時間的展望の拡大に対して有意な効果をもつことが示された。特筆すべき点は,この効果が三つの年度の調査いずれにおいても安定して見出されたということであろう。各年度の本プログラム受講生には重なりがなく,さらにプログラムを実施した教員も異なっていた。したがって,ここで報告された効果は,特定の教員による独自の効果というよりは,プログラムの内容そのものの効果である可能性が高いと考えられる。このことは,本プログラムの内容の有効性を示すものであると考えられる。

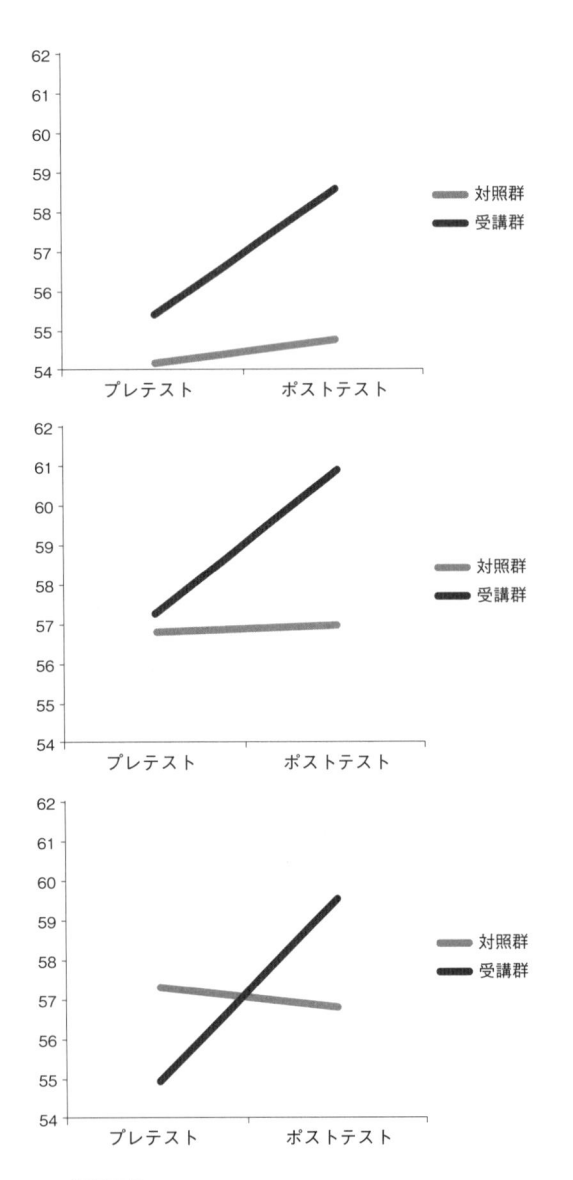

図4-3 プログラム受講前後・受講群と統制群の**時間的展望得点**(上:2010年度,中央:2011年度,下:2012年度)

第Ⅱ部
プログラム実践編

第1回目から第15回目のプログラムは，授業を実施する上での手順を紹介しています。実施される先生に必要な事柄をポイント欄で最小限にとどめて記述しました。オリジナルの「自己形成」プログラムにしていただけたらと願っています。ご参考までに，筆者たちの経験をもとにしたエッセンスを，前半の授業と後半の授業の前に記します。

ESSENCE ～ the first half ～
エッセンス　第１回目～第８回目

　第１回目と第２回目では，学生が自分の心の声をいかに素直に聴くことができるかが重要となります。内省する時間を尊重してください。沈黙は自分と向き合うための大事な時間です。ファシリテーターの役割は，教えることではなく，問いかけて，その回答が学生なりに自分の内側から引き出されてくるのを温かく見守り，待つことです。この２回の授業での問いかけは，正解・不正解を問うものではなく，学生一人ひとりの中にある回答が尊重されます。ファシリテーターは，学生が自己開示しやすい雰囲気をつくり，安心や信頼をもたらす関わりに努めましょう。

　第３回目から第６回目にかけては，他者とかかわる力を高めていくことが主な目的です。他者との関わりを深めるためのヒントとして，各回に小講義があります。小講義の内容を頭で理解するだけではなく，実際に行動し体験をして，いかに体験学習を回す力にしてもらえるかがカギとなります。しかし，無理強いはできません。気を付けてください。ここで，ファシリテーターが関与しすぎると，自発性のないグループやクラス運営に陥る可能性があります。ファシリテーターは極力観察し，自分の主観ですぐに指示やコメントをすることを控えて，その日のジャーナルをよく読みましょう。自分が捉えたものとは違うコメントに驚かされることもしばしばあるはずです。それを踏まえたうえでファシリテーター自身もじっくり振り返りをして，次のクラス運営を考えるとよいでしょう。ジャーナルは学生個人と先生個人が唯一対話できるツールです。上手に活用してください。

　第７回目と第８回目のプログラムは，グループやクラスが大いに盛り上がりやすいプログラムです。こんなにも多様な生き方があるのかと，今まで不自由な考え方をしていたとしたら，少しでも解放してあげたいと願って作ったプログラムです。第７回目の前半の実習「なぜ働くのだろう」のポイントは，じっくり自分やグループ，クラスのメンバーが考える労働観を確認することです。質問が抽象的なだけに，難しいと感じる学生もいるでしょう。たとえ，回答が白紙でも，自分の未熟さに気づき，それはそれで現状認識をするという大事なプロセスです。ファシリテーターは見守ることです。ここから体験学習の循環過程を回し始めて学生の成長を促していくことができます。前向きな言葉がけが必要な場合もあります。第６回目までにグループやクラスの関係が成熟していると，助け合って，知恵を絞って，回答を充実させることができます。ある意味で，これまでのファシリテーターの力量が問われるところでもあります。この「なぜ働くのだろう」はこれからのプログラムの動機づけになるところです。あまり神経質にならずに，現状認識ができればよいくらいに留めて，実習「彼らはみんな生きている」に移行します。学生が個人記入シートをしっかり書くよう促し，環境を作ってください。この個人記入シートが書けていないと，第８回目の実習に影響します。第８回目は，個人記入シートがしっかり書けていれば，ファシリテーターは手順に従うだけで，充実した実習となるはずです。

1　いのちについて考えてみよう

- ●「自己形成」プログラムの初日の授業として行う。
- ●プログラム全体の概要を伝えるとともに，授業を実施するにあたり教員がもっとも大切にしていること（「いのち」について）を伝えたり，学生の心構えが醸成されるように内発的動機づけを行ったりするための時間に使う。

実習のねらい

- ●いのち，人生について考える
- ●「自己形成」授業のねらいを知る

プログラムの流れ	
1　あいさつ，今日の予定の説明 ●「今日のねらい」の説明	5分
2　「自己形成」の概要説明 ●講義「『いのち』について」（教員からの問いかけと応答） ●『自己形成』全体のねらいと15回の授業の流れについての説明 ●評価方法と受講にあたっての注意事項についての説明	75分
3　ジャーナル記入	10分
グループのサイズ	
グループ分けは行わない。	
教室のレイアウト	
通常の対面式の講義室形式でよい。	
準備物一覧	
●名札（毎回回収）	各自に1つ
●ねらいと日程表	各自に1枚
●「自己形成」概要説明書	各自に1枚
●ふりかえり用紙	各自に1枚
●ジャーナル	各自に1枚
●名札回収箱	1箱
●ジャーナル回収箱	1箱

● プログラムの進め方 ● ● ● ● ● ●

1 あいさつ，今日の予定の説明 （5分）

あいさつを行ったのち，今日のねらいについて説明する。

Point
●学生は，この授業がどんな授業なのか，期待と不安が入り混じった状態であることに十分留意する。 ●最初に，きちんと指導した上であいさつをさせることにより，気持ちよく授業に取り組む状態をつくり出す。 ●メインの教員は，まず自己紹介をし，アシスタント教員がいる場合など，関係者全員の紹介をする。 ●今日の予定とねらいは，必ず授業の最初に説明する。

2 「自己形成」の概要説明（75分）

1）講義「『いのち』について」

「自己形成」の授業を通じて，教員から最も伝えたいことを質問形式にして学生に問いかける。（25分）

キャリア教育が人生について考える科目であるならば，人生の起点ともいえる「いのち」について真摯に向き合うことは，とても重要なことである。

例えば，人生を送る上で必要不可欠である「いのち」について，「改めて『いのち』って何だろう？」と問いかけてみる。しばらく考えさせた後，学生を何人か指名し，答えてもらう。最後に，教員自身の考えを，参考として伝える。

☞参照：●講義例①「いのち」について

Point
●問いかけには，決まった正解がなく，誰にとっても大切だと思えることについての質問にする。 ●学生の答えに対して，決して否定的なコメントはしない。 ●学生の答えに対して，その意図や意味についてさらに詳しく聞くこともある。 ●答えは多様であればあるほどよい。 ●決まった正解があるのではなく，自分が考えたことが答えであること，自分なりの正解があることを伝える。

人生のタイムラインを見ながら，人生のなかで起こりうるライフイベントについて説明する。（30分）

Point
●現時点を意識させ，これまでの歩みを回想させながら，すでに終わっている教育課程（特に義務教育との違い）について確認する。 ●学生の大半は成人前であるだろうから，成人になるということについて考えてもらう。成人を境にどのような変化があるのかを意識させる。また,18歳で選挙権をも持った後の変化についても再認識させる。

- ここで特に強調したい点としては，成人を境に，義務や責任を全うし，社会に貢献していくことが求められるということ，これまで教育課程で学んできたことや人間として蓄えてきた力を礎に，社会を支える一員になることを期待されているということである。同時に，（自分自身の判断が尊重されるという）自由を手に入れられるということである。
- 成人後，いのちを全うするまでに起こりうることを紹介しながら，大学時代は，人生のなかでどう位置づけられるのか，どのように過ごしたいか，学生に考えてもらいながら，教員自身の考えを伝える。
- 質疑応答をしながら進める場合，学生の答えに対して，その意図をくみ取りながら，決して否定的なコメントをしないよう留意する。

2）キャリア教育について説明し，「自己形成」の全体のねらいと，授業（全15回）のテーマについて説明する。（10分）

Point
- 大学時代が社会に出る前の最後の教育課程となる学生が多いだろう。社会に出ることや将来について漠然とした不安をもって当たり前の時期ともいえる。そのようなことに留意した上で，キャリア教育のスタートとして位置づけられる「自己形成」とその他学校なりのキャリアに関連する支援について丁寧に紹介する。
- 「自己形成」の全体のねらいを理解してもらうことは重要である。15回の授業のなかで，機を見てねらいについて何回か取り上げることが望ましい。

3）「自己形成」の評価方法と受講にあたっての注意事項を説明する。（10分）

Point
- 「ラボラトリー方式の体験学習」について簡単に説明する（「第3章1「ラボラトリー方式の体験学習」を参照）。
- なぜ主体的な参加が必要なのか，主体的な参加をすると自分にとって何が良いのかについて説明するとよい。ここは自分が試みる場であることから，主体的な参加がないと自分自身に学びが生まれないことを伝える。
- 通常の時間割通りの休憩時間を取らないことも説明しておく。
- 授業開始5分前には授業を受ける体勢をとること，また休憩後についても開始時間になったら直ちに授業を受ける体勢をとることは，学生生活だけでなく社会生活においても重要と伝える。

3　ジャーナル記入（10分）

ジャーナルについての簡単な説明をした後，ジャーナルを配付し，記入することを指示する。記入後，提出することを伝える。

【配付資料】

「自己形成」 第1回目プログラム

いのちについて考えてみよう

【今日のねらい】
・いのち、人生について考える
・「自己形成」授業のねらいを知る

日程表　　年　　月　　日

授業開始
　　名札を受け取る
　　あいさつ＆今日の予定の説明
5分後
　　「自己形成」授業全体のねらい

80分後
　　ジャーナル記入
授業終了

キャリア教育科目「自己形成プログラム」

わたしたちはどう生きるか

0　義務教育　15　20 成人　30　40　50　60

「いのち」とは

いのちについて思うこと、イメージすること、自分の考えなど、自由に書き留めてみよう！

この世の中にはすでに多くの宗教や哲学があり、いのちについて、生と死について、いろいろな考え方があります。特定の宗教を持っていなくても、文化や家族の価値観、個人の経験の中で自分なりの死生観を育むことは大切です。私たちひとりひとりの生き方や考え方や願いがこの分野の中を作っていくといっても過言ではありません。どんな暮らしや人生を、どんな人たちと、どんな環境の下で生きてゆきたいですか。

自由と義務

義務教育とは

成人になるとは

4年間のキャリア支援

大学というフィールドにはどんなチャンスがあるのだろう！？
大学生活4年間という時間をどう使おう！？

　　　　　　　　　　　　　　　　進路選択へのAction
　　　　　　　　　　社会で奉仕事体験をしよう
　　　　　社会について知ろう
自分について考えよう

1年生　　2年生　　3年生前期　　3年生後期～4年生

「自己形成」全体のねらい

● 自分を大切にする
● 他者を思いやる
● 自分軸（思考や言動の軸）について考える
● 将来に向けての行動プランを立てる

「自己形成」各回のテーマ

第1回　　いのちについて考えてみよう
第2回　　今の自分を見つめてみよう
第3回　　自分をオープンにしてみよう
第4回　　人とかかわってみよう
第5回　　自分なりのリーダーシップをとってみよう①
第6回　　自分なりのリーダーシップをとってみよう②
第7回　　いろんな生き方がある　人生のケーススタディ①
第8回　　いろんな生き方がある　人生のケーススタディ②
第9回　　他者の生き方から学ぶ①
第10回　他者の生き方から学ぶ②
第11回　他者の生き方から学ぶ③
第12回　他者の生き方から学ぶ④
第13回　いままでの授業で学んだこと、気づいたことを整理・確認する
第14回　自分軸を探り、将来を描き、アクションプランを立てる
第15回　自分で創るこれからの大学生活を考えてみよう

評価方法

授業への出席-50%、ジャーナルと最終レポート-50%での総合評価とします。

受講にあたっての注意事項

① 基本的に「ラボラトリー方式の体験学習」というグループワークによる体験学習で授業を進めるため、主体的な参加が前提となります。

② グループ実習が中心となるため、欠席や遅刻はしないでください。授業スタート時の5分前には集合し、体験もすぐにスタートできる体制で臨んでください。
　・欠席6コマ以上で単位取得資格は喪失します。
　・遅刻・早退は15分以下まで。遅刻・早退3回で1回の欠席とします。
　・15分を超える遅刻・早退は、1回の欠席として扱います。

③ 授業用のファイルを用意しますので、配布資料や記入用紙等はすべてファイルし、毎授業に持参してください。

④ 授業中の携帯電話の使用やその他授業の不参加・妨害とみなされる行為が見られた場合は、教室から退出を求める場合があります。その場合、授業は欠席扱いとなります。

自己形成プログラムでは、特に自分の内面を見つめる時間を大切にしていきます。プログラムの中で経験することは、自分を知る手がかりです。すでに気づいていることも、新たに気づいたことも含めて、自分の内面を素直な気持ちで書き留めていきましょう。
この自己形成ワークシートは、回を重ねることで世界でたった一つの「私のためのノート」になることでしょう！

Journal

学科：　　　　　　　　　学籍番号：　　　　　　　　氏名：

1. 今日の授業を通して、気づいたこと、感じたこと、学んだことを書いてください。

2. この授業を受けようと思った理由や動機を書いてください。

2　今の自分を見つめてみよう

- ◉「自己形成」の第2回目の授業として行う。
- ◉実習は,「これまで・今ここから」を実施する。色・線・形と言葉を使って,過去から現在までの気持ちの変化を表し,それを他者へ表現してみる。同時に,第3回目以降に実施される実習の基本構造(導入➡実習➡ふりかえり・わかちあい➡コメント➡ジャーナル記入)を体験する。

実習のねらい
- ◉自分の「これまで・今ここから」を考える
- ◉他の人の「これまで・今ここから」を聴く
- ◉自己開示を試みる

プログラムの流れ	
1　導入 ●「今日のねらい」の説明	5分
2　実習 ●グループ分け ●各グループ内での自己紹介 ●実習「これまで・今ここから」を実施	50分
3　ふりかえり・わかちあい ●個人記入 ●グループ内でわかちあい ●全体でわかちあい	20分
4　コメント,講義 ●講義「自己形成」授業コンセプト	10分
5　ジャーナル記入	5分
グループのサイズ	
●1グループ3人を基本とする。 ●端数が出たときは,4人グループをつくる。	
教室のレイアウト	
個人作業に集中でき,かつ,グループ内で話がしやすいように,机の配置を工夫する(たとえば,個人作業の時は個別の机で作業し,その後グループになるために「島」をつくる)。	

準備物一覧	
●（必要であれば）グループ分けのための小道具	1セット
●ワークシート	各自に1枚
●クレヨン	各自に1枚
●ふりかえり用紙	各自に1枚
●講義「自己形成」授業コンセプト説明資料	各自に1枚
●ジャーナル	各自に1枚
●名札回収箱	1箱
●ジャーナル回収箱	1箱

● プログラムの進め方 ● ● ● ● ● ●

1 導入（5分）

1）今日のねらいについて，確認する。（5分）

Point
●この授業は教員が学生に「教える」授業ではなく，学生が自ら体験して「学ぶ」授業であることを，改めて強調しておく。

人に見せる　　　　　　　　　　　　　人に見せない

大学に入学した時の気持ち	②色で気持ちを表現	③言葉で気持ちを表現（なぜこの色・線・形なのかの説明）
①タイトルをつける		
入学から〇ヶ月たった現在の気持ち		
たった今の気持ち		

2 実習「これまで・今ここから」(50分)

1) ワークシートとクレヨンを，各自に1つずつ配付する。
2) ワークシートの一段目に，第1問目「大学に入学した時の気持ち」について書く（個人作業）。（説明5分，作業5分）

　用紙の左半分にある円中に，クレヨンを使って，気持ちを表現する。用紙の右半分には，「なぜこの色・線・形だったのか」について文章で書き，用紙の左欄（円の左）に，表現した円中の画のタイトルを付ける。

Point
- ワークシートを記入しながら自己と向き合う環境づくりを意識する。
- あとで，グループ内で見せ合うことを伝える。見せるのは，原則ワークシート左半分のタイトルと円中の画のみ。右半分のコメントは，公開しない。また，提出もしない。書かれた内容については誰かが評価するものでもないので，感じたままの気持ちを素直に表現してみることを促す。
- 右側のコメント欄には，たとえば「なぜ大学に行こうと思ったのか，なぜこの大学を選んだのか，なぜ今の学部学科を選んだのか，入学してみてどんな気持ちだったか」というような問いかけをする。これらの記入を促すための質問項目は，板書する。
- 個人作業の時間は5分程度。作業を始める前に時間を伝える。
- 初めての実習体験なので，できるだけ丁寧に説明し，全員理解して取り組んでいるか，作業中にもクラスを注視する。
- 質問がある場合は，静かに手をあげてもらい，細やかに対応をする。「この授業では，理解できなくて取り残されるということがない」という安心感がもてるように配慮する。
- 作業時間の延長が必要な時は，時間がどれくらい必要なのかを学生に問い，学生全員の合意を得てから，延長時間を決定する。

3) 記入を終えてから，1グループ3人（端数が出る場合は，4人）に分かれて，机・椅子等を移動させ，場所をセッティングする。（5分）

Point
- 直ぐに動かない場合は，まずは立ち上がることを勧めることで動きやすくなるので，状況をみてアナウンスをする。但し，この時期の教員の姿勢は，今後の授業に大きな影響を与えるので，強制的な指示にならないように配慮し，まずは思い切って待ってみることも重要である。

4) 各グループ内で，自己紹介をする。（5分）

Point
- 学部学科，氏名以外に，誰もが答えやすいテーマを設定する。

5) 記入したタイトルと円中の画について，グループ内で伝え合う。（5分）

> **Point**
> ● 自己をオープンにすること（自己開示。詳しくは第3回目プログラムで講義する）の大切さについて，ここで簡単に触れる。

6) 第1問の紹介が終わったら，第2問目「入学から○ヶ月たった現在の気持ち」について個人作業に取り組む。後に同じグループメンバーで伝え合う。（10分）

> **Point**
> ● 右側のコメント欄には，たとえば「入学から今までの大学生活をふりかえってみてどうか，プライベートの時間の過ごし方はどうか，入学時と比べてどのような気持ちの変化があったか」というような問いかけをする。第1問目と同様に板書する。

7) 第1問，第2問と同様に，第3問目「今の気持ち」について個人作業に取り組む。後に同じグループメンバーで伝え合う。（10分）

> **Point**
> ● この授業を受けているたった今，どのような気持ちなのかを表現することを促す。
> ● 右側のコメント欄には，例えば「なぜこの授業を受けてみようと思ったか，1回目の授業を受けて何を感じたか」というような問いかけをする。第1，2問目と同様に板書する。

8) 教員から簡単にコメントをする。（5分）

> **Point**
> ● コメントのはじめに「実習をしてみてどうだったか」「他の人に伝えてどんな気持ちだったか」「他の人の話を聞いてどんなことを感じたか」などと問いかけてみる。ファシリテーターとして実習中に，観察した所感と重ねて，コメントするとよい。
> ● 円中に表現するものは抽象的なので，他人と比較することはないが，右半分の文章に関しては，書けないことを気にする学生もいる。その場合，自己形成の授業では，比較して優劣をつけるのではなく，自分の特徴として理解し，ありのままの自分を捉える時間にしてほしいと伝える。
> ● この実習を通し，他の学生の話を聞いたり，交わったりして学生は自分の現状を改めて認識する時間になる。学生がこの授業の構造や教員のかかわり方を理解し，いまここから成長できる可能性をたくさん秘めた存在なのだということを感じて，これからの授業と自分自身への期待がもてるようなコメントを心がける。

3　ふりかえり・わかちあい（20分）

1) 個人記入（5分）

ふりかえりについて簡単な説明をした後，ふりかえり用紙を各自に配付し，記入するように指示をする。

> **Point**
> - ふりかえりの重要性について強調しておく。ふりかえりとは、体験を体験したままにするのではなく、体験から学んだことや気づいたことなどを内省・分析し、次の目標や課題につなげるための大切な作業であることを伝える。
> - ふりかえりは、学生にとっておそらく初めて体験することと思われるので、質問を1問1問読み上げるなど、慌てずゆっくり説明する。
> - 「まずは体験してみよう」という気楽な気持ちで取り組ませることも大切である。

2) グループ内でのわかちあい（10分）

全員がふりかえり用紙に記入し終わったら、グループ内でふりかえり用紙に記入したことを一人ひとり項目ごとに発表し、話し合いをする。その際、わかちあいについての簡単な説明も行う。

> **Point**
> - 第3回目プログラムで、自己開示とフィードバックについて詳しい説明を行う。ここでは簡単に「少し頑張って自分を表現してみよう」と伝える。
> - 言いたくないことまで言わなくてもよいことを伝える。
> - 同時に、できる限りオープンに話すことを勧める。他の人にフィードバックをする際は、評価的、批判的なフィードバックをさけ、相手に対して思いやりをもって伝えることを意識することを説明する。
> - グループのわかちあいの間、グループを緊張させない距離を意識して、グループ内で起こっていることを観察する。
> - グループ内のわかちあいがうまくいかず、緊張している等の場合は、学生が声を出しやすくなるよう働きかけをする。

3) 全体でのわかちあい（5分）

それぞれのグループからわかちあいで話し合われたこと、特にこの実習を通して気づいたこと、学んだことについてクラスで発表する。

> **Point**
> - グループ内でのわかちあいの時間を十分とることを優先させる。時間がなければ、全体のわかちあいを省略することを検討する。
> - グループのわかちあいの時に、どのようなことがグループで起こっているか観察しておく。

4 コメント、講義（10分）

1) この実習の過程で起こっていたこと、わかちあいで発表されたことなどで教員が気づいたことなどを今日のねらいと関連させながらコメントする。
   （5分）

> **Point**
> - 学生が発言したことを取り上げて，ねらいと関連づけることを心がける。
> - 気づきや学びは個人で異なる。また，時間をかけて今日の体験を熟成することで気づきや学びを得る学生もいる。学生を誘導したり，評価したり，気づくことを求めたりするようなコメントにならないように注意する。
> - 次回以降の授業では，今回体験したふりかえり，わかちあいが，原則毎授業行われることを伝える。

2) 講義「自己形成 授業コンセプト」説明資料を配付し，授業のコンセプトについて解説し，授業を締めくくる。（5分）

☞参照：●講義例②「自己形成」授業コンセプト

> **Point**
> - ①から③の項目を読み上げ，教員のメッセージを添える。

5　ジャーナル記入（5分）

　ジャーナルについての簡単な説明をした後，ジャーナルを配付し，記入するよう指示をする。記入後，提出することを伝える。

2　今の自分を見つめてみよう　41

【配付資料】

「自己形成」　第2回目プログラム

今の自分をみつめてみよう

【今日のねらい】
・自分の「これまで・今ここから」を考える
・他の人の「これまで・今ここから」を聴く
・自己開示を試みる

　　　　　　　日程表　　年　月　日

授業開始	名札を受け取る
5分後	あいさつ＆今日の予定の説明
	実習「過去・現在・未来」
	説明
	グループ分け、自己紹介
	実施
55分後	ふりかえり(個人作業)
	わかちあい(グループで話し合い)
75分後	コメント・講義「自己形成」授業コンセプト
85分後	
授業終了	ジャーナル記入

ワークシート　※A3サイズに拡大してご使用下さい

（三列のワークシート：上部に縦線、中央に円、下部に縦線）

ふりかえり用紙

1．今の実習の中で、あなたは
（1）どのくらい自分のことを話せたと思いますか。
　　（どのような点から？具体的に）

　　　　　　　1　2　3　4　5
　　　　　　できなかった　　できた

（2）どのくらい他の人の話を聴くことができたと思いますか。
　　（どのような点から？具体的に）

　　　　　　　1　2　3　4　5
　　　　　　できなかった　　できた

（3）自分について気づいたことや感じたことを記入してください。

2．その他、気づいたこと、感じたことなど、自由に書いてください。

授業コンセプト

① 私の人生　私を知る道のり

（イラスト：人物と時間軸「今」／「私が大切にしたいコトどんな出会いがあった!?」）

② 私の人生とあなたの人生

どちらが正しい、正しくないなんてない。
お互いの「いのち」を大切にできたらいい。

どうしたら、
そう感じ合えるだろうか。

③ たくさんの人が生きている社会

（イラスト：大勢の人々「世界」「国」「地域社会」「家族」「友人」「あなた」「私」）

私→あなた→家族、友人→地域社会→国→世界

自分のまわりに目を向けてみよう
私以外の人のためにできること

それはまわりまわって私たちにつながっている
次の未来につながっていく
みんなが幸せになれる未来のイメージは？？

【配付資料】

Journal

学科：＿＿＿＿＿　　学籍番号：＿＿＿＿＿＿　　氏　名：＿＿＿＿＿＿＿

今日の授業で、
1．自分自身について気づいたこと、感じたこと、学んだことを、できるだけ具体的に書いてください。

2．あなたがグループの他のメンバーについて気づいたこと、感じたこと、あなたが他のメンバーから影響や刺激を受けたこと、参考にしたいことなどをできるだけ具体的に書いてください。

3．その他、気づいたこと、感じたこと、思ったことなどを自由に書いてください。

3　自分をオープンにしてみよう

- ●「自己形成」の第3回目の授業として行う。
- ●実習の前に，自己開示とフィードバックの意味について講義を行う。
- ●実習は，「人間コピー」を実施する。グループごとにA3用紙1枚とマジックセットを使う。教員はマジックで色付けしておいたモデル図を学生から見えない場所に貼る（廊下の壁など）。グループは，モデル図と全く同じ図柄を配付された用紙にマジックを使って作成する。作成にあたってはルールが定められている。そのルールに従って，モデルを再現し，正確さをグループ間で競う。
- ●実習を通して自分や他のメンバー，グループで起こったこと（コミュニケーション，リーダーシップ，意思決定など）をふりかえり，自分が気づいたこと，感じたことなどについて自己開示とフィードバックをする。

実習のねらい
- ●グループで作業する過程で起こるさまざまなこと（コミュニケーション，リーダーシップ，意思決定など）に気づく
- ●フィードバックを試みる

プログラムの流れ	
1　導入 ●今日の予定とねらいの説明 ●講義「ジョハリの窓」 ●グループ分け，セッティング ●各グループ内での自己紹介	20分
2　実習「人間コピー」 ●資料等の配付 ●手順の説明 ●実習の実施 ●審査と結果発表	30分
3　ふりかえり・わかちあい ●個人記入 ●グループ内でわかちあい ●全体でわかちあい ●コメント（学んだことを深めるためのコメント）	35分
4　ジャーナル記入	5分

グループのサイズ
● 1グループ5～6人。 ● 2グループ以上あるほうが望ましい。

教室のレイアウト
● グループごとに机を合わせて「島」をつくって座る。 ● 各グループが相互に邪魔にならないように，グループ同士の間隔を適度に空ける。 ● 廊下への出入り口を2ヶ所設けて，入口専用，出口専用と決めて一方通行とすると，廊下への出入りの際に学生同士がぶつからずに済む。

準備物一覧	
● 名札（毎回回収）	各自に1つ
● ねらいと日程表	各自に1枚
● 講義「ジョハリの窓」説明資料	各自に1枚
●（必要であれば）グループ分けのための小道具	1セット
● モデル図（別添の原紙に色付けをしたもの）	1枚
● A3サイズコピー用紙	各グループに1枚
● マジック	各グループに1セット
● クレヨン	各自に1セット
● ふりかえり用紙	各自に1枚
● ジャーナル	各自に1枚
● 名札回収箱	1箱
● ジャーナル回収箱	1箱

事前準備
● 教員は，あらかじめ原紙に色付けをしておくか，オリジナルの絵を用意する。 ● モデル図は，指定する時間内に学生たちが完成させられるほどの難しさにする。 ● モデル図は，授業開始後か，開始前であるなら学生に見えないように布などで覆い隠した状態で廊下の壁などに貼る。

3 自分をオープンにしてみよう 45

モデル図原紙：その1

モデル図原紙：その2

●プログラムの進め方

1　導　入　(20分)

1) あいさつを行ったのち，今日の予定とねらいについて説明する。(5分)

> **Point**
> - 今日のねらいは，必ず授業の最初に説明する。
> - どういう思いや意図があって今回のねらいが設定されているか，前回の授業で起こったことや，ジャーナルに書かれていたことなども参考にして，今回のねらいを説明すると学生は受け入れやすい。

2) 講義「ジョハリの窓」の説明資料を配付し，ジョハリの窓を使って「自己開示」と「フィードバック」について講義を行う。(10分)
☞参照：●講義例③「ジョハリの窓」

> **Point**
> - 黒板に図を書きながら説明すると学生は理解しやすい。

3) 1グループ5〜6人程度になるように分かれて，机・椅子等を移動させ，場所をセッティングする。その後，各グループで自己紹介をする。(5分)

> **Point**
> - グループ分けは作為的にならず，学生が新たに出会えるようなグループ分けをつくる。教員の意図でグループ分けをしないようにする。
> - 学部学科，氏名以外に，誰もが答えやすいテーマを用意し，板書するなどして自己紹介をしやすく，互いが一言ずつ口を開いて知り合うきっかけとする。

2　実習「人間コピー」(30分) [1]

1) 指示書を各自に1枚ずつ，各グループにA3サイズのコピー用紙を1枚，マジックを1セット，模造紙1枚を配付する。
　教員は指示書を読み上げて，実習の手順を説明する。特に以下の点について確認する。一通り説明した後，質問を受ける。(5分)

☐ モデル図を見に行くのは，1回につき1人ずつで，何回行ってもよいが，筆記用具などの道具は何も持たず，手ぶらで行くこと

☐ モデル図は廊下に貼ってあること（廊下に貼った場合）

☐ モデル図を見に行く時は，一方通行とした入口と出口を間違えないようにすること（衝突事故を防ぐため）

☐ 手持ちの鉛筆等は下書きのために使ってもよいこと

☐ 審査の方法について

---

1) 実習「人間コピー」は，横浜市学校GWT研究会（2005）を参考にしている

> **Point**
> - 指示書はゆっくり丁寧に読み上げる。
> - 質問には丁寧に答える。
> - 具体的な進め方はグループ内で決めることなので，作業に関するアドバイス，コツ，ヒントなどは言わない。

2）実習時間を伝え，終了時刻を黒板に板書したのち，実習の開始を告げる。（20分）

> **Point**
> - 教員は，ルール違反がない限り，グループの作業に口出ししない。
> - 全体でのわかちあいの時など，実習中に観察していたことがデータとなる場合がある。グループやメンバーの動きを，よく観察する。
> - 実習時間は基本的に延長しない。
> - 時刻は，教室にいる全員が共有できるもの（教室の時計など）を使う。
> - 完了したグループが他のグループに影響を及ぼすようなことが起こるような場合（のぞきに行ったり，邪魔をしたりする等）は，自分のグループ内で過ごすよう声をかける。

3）終了時刻がきたら実習の終了を告げる。教員はモデル図を廊下に取りに行き，黒板に貼る。各グループが書いた図も同様に黒板にモデル図を囲むようにして貼る。学生に，各グループが書いた図を見比べてもよいことを伝える。

4）審査の方法は，①教員が審査員となる，②第3者がいれば，その人に審査員になってもらう，③学生の拍手の多さによる，などがある。審査をし，モデル図に近いと思われるグループを選び，発表する。審査終了後，全学生をねぎらい，称賛する。（5分）

> **Point**
> - 審査員がいる場合は，どうやって選んだか，理由や基準を伝える。

3　ふりかえり・わかちあい（35分）

1）個人記入（15分）

ふりかえり用紙に各自に記入する。

2）グループ内でのわかちあい（15分）

全員がふりかえり用紙に記入し終わったら，グループごとにふりかえり用紙に記入したことを一人ひとり項目ごとに発表し，話し合いをする。その際，わかちあいについての簡単な説明も行う。

3）全体でのわかちあい・コメント（5分）

　それぞれのグループからわかちあいで話し合われたこと，特にこの実習を通して気づいたこと，学んだことについて教室全体でわかちあう。また，学生にとって有益であると判断したならば，この実習の過程で起こっていたこと，わかちあいで発表されたことなどで教員が気づいたことなどを今日のねらいと関連させながらコメントする。

> **Point**
> - 学生が発言したことを取り上げて，ねらいと関連づけることを心がける。
> - 気づきや学びは個人で異なる。また，時間をかけて今日の体験を熟成することで気づきや学びを得る学生もいる。学生を誘導したり，評価をしたり，気づくことを求めたりするようなコメントにならないよう注意する。

4　ジャーナル記入（5分）

【配付資料】

「自己形成」 第3回目プログラム

自分をオープンにしてみよう

【今日のねらい】
・グループで作業をする過程で起こるさまざまなこと(コミュニケーション、リーダーシップ、意思決定など)に気づく
・フィードバックを試みる

日程表　　年　　月　　日

授業開始
　　ジャーナル、名札を受け取る
　　今日の予定とねらいについて
　　講義「ジョハリの窓」
　　グループ分け、セッティング、グループ毎に自己紹介
20分後
　　実習「人間コピー」
　　　手順の説明
　　　実施(20分)
　　　審査と結果発表
50分後
　　ふりかえり(個人作業)
　　わかちあい(グループで話し合い)
　　全体でわかちあい
　　コメント
85分後
　　ジャーナル記入
授業終了

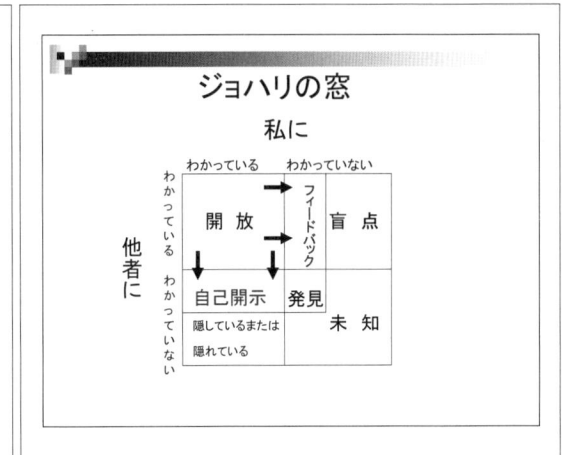

ジョハリの窓

	私に わかっている	わかっていない
他者にわかっている	開放 → フィードバック →	盲点
他者にわかっていない	↓自己開示 隠しているまたは隠れている	発見 未知

人間コピー

課題シート

課　題：廊下に貼ってある絵を見て、それと同じ絵を同じ色使いで描いてください。

時　間：20分以内

ルール：・絵を何度見に行ってもかまいません。
　　　　・絵を見に行くことができるのは、グループから常に一人だけです。ただし、交替は自由です。
　　　　・絵を見に行くときには手ぶらで見に行ってください。

出典：横浜市学校GWT研究会　2005　学校グループワーク・トレーニング　坂野公信監修　遊戯社

✎ふりかえり用紙

1．今の実習の中で、あなたは
(1) どのくらい自分の意見、考え、思い、気もちを言えたと思いますか。
　（どのような点から？具体的に）
　　　　　　　　　　　1　2　3　4　5
　　　　　　　　　　できなかった　　できた

(2) どのくらい他のメンバーの意見、考え、思い、気もちをきくことができたと思いますか。
　（どのような点から？具体的に）
　　　　　　　　　　　1　2　3　4　5
　　　　　　　　　　できなかった　　できた

(3) あなたのコミュニケーションの取り方、特徴、傾向や、グループの中での役割について気づいたこと、感じたことを書いてください。

(4) 他のメンバーの言動から、あなたが気づいたこと、感じたこと、印象に残ったことや、あなたが思うその人の取ったグループでの役割、あなたが影響を受けたことはどのようなことがありますか。
　（だれの）　　（どのような言動？）　　（気づいたことや印象・役割・影響など）

_____　_____　_____
_____　_____　_____
_____　_____　_____
_____　_____　_____

2．その他、気づいたこと、感じたことなど自由に書いてください。

【配付資料】

Journal

学科：_____　　学籍番号：_____　　氏　名：_____

今日の授業で、
1．自分自身について気づいたこと、感じたこと、学んだことを、できるだけ具体的に書いてください。

2．あなたがグループの他のメンバーについて気づいたこと、感じたこと、あなたが他のメンバーから影響や刺激を受けたこと、参考にしたいことなどをできるだけ具体的に書いてください。

3．その他、気づいたこと、感じたこと、思ったことなどを自由に書いてください。

4　人とかかわってみよう

- ●「自己形成」プログラムの第4回目の授業として行う。
- ●前回に引き続き，他者とコミュニケーションをとることで気づきや学びを得る場とする。また，講義として「体験学習の循環過程」について学ぶ。
- ●実習は，「あの人だれだっけ？！」を実施する。グループごとに31枚の情報カードが用意され，そのカードを各メンバーに均等に配付する。メンバーでそのカードに書かれた情報を口頭で伝えあうことにより，課題達成を目指す問題解決実習である。
- ●他者とかかわることを通して，自分，他者，グループについて気づいたり，感じたりしたことを，ふりかえり，わかちあいをすることで明確化し，内省していく。

実習のねらい
- ●他者と知り合う
- ●積極的にかかわることを試みる

（言ってみる，聴いてみる，尋ねてみる，表現してみる，……）

プログラムの流れ	
1　導入 ●今日の予定とねらいの説明	5分
2　実習「あの人だれだっけ？！」 ●グループ分け，自己紹介 ●資料等の配付 ●手順の説明 ●実習の実施 ●結果と正解発表	40分
3　ふりかえり・わかちあい ●個人記入 ●グループ内でわかちあい ●全体でわかちあい ●コメント （学んだことを深めるためのコメント）	30分
4　小講義「体験学習の循環過程」	10分
5　ジャーナル記入	5分
グループのサイズ	
●1グループ5～6人。 ●何グループでも実施可能。	

教室のレイアウト	
●グループごとに「島」をつくって座る。 ●各グループが相互に邪魔にならないように，グループ同士の間隔を適度に空ける。	
準備物一覧	
●名札（毎回回収）	各自に1つ
●ねらいと日程表	各自に1枚
●小講義「体験学習の循環過程」説明資料	各自に1枚
●（必要であれば）グループ分けのための小道具	1セット
●指示書	各自に1枚
●情報カード（31枚）	各グループに1セット
●実習の解答	1枚
●模造紙	各グループに1枚
●マジック	各グループに1セット
●マグネット（またはテープ）	適宜
●ふりかえり用紙	各自に1枚
●ジャーナル	各自に1枚
●名札回収箱	1箱
●ジャーナル回収箱	1箱

●プログラムの進め方

1 導 入 （5分）

1) あいさつを行ったのち，今日の予定とねらいについて説明する。（5分）

Point
●今日のねらいは，必ず授業の最初に説明する。 ●前回の授業で起こったことや，ジャーナルに書かれていたことなどを取り上げて，今回のねらいに結びつけると学生には受け入れやすくなる。

2 実習「あの人誰だっけ？！」（40分）

1) グループ分け，自己紹介（10分）

①グループ5～6人程度になるように分かれて，机・椅子等を移動させ，場所をセッティングする。

4 人とかかわってみよう　53

〈情報カード（見本）〉

メンバーは正六角形の机にすわっています。	太郎のななめ前の人は、居酒屋でアルバイトをしています。
太郎の正面の人は、茶道部です。	茶道部の人の右どなりの人は人文学部で、心理学を勉強しています。
心理学を勉強している人の正面は、新聞配達のバイトは朝がつらいと言っています。	新聞配達をしている人のとなりの人は、将来商業高校の先生になりたいと言っています。
教員志望の人の正面の人は、スーパーでレジ打ちをしています。	スーパーでアルバイトしている人は、環境問題に関心があり、農学部を選びました。
環境問題に関心のある人のななめ前の人は、アルバイトをしていません。	居酒屋で働いている人の右側には、国際関係学部の人がいます。

アルバイトをしていないのは、茶道部で部長をしていて忙しいから、と言っています。	茶道をしている人の左ななめ前の人は、将来自分で会社を起したいと言っています。
起業を目指している人の正面の人は、家庭教師をしています。	家庭教師をしている人の右側の人は、まだ将来なにをしたいのか迷っています。
人文学部の人は、将来公務員になって、地域の住民の福祉のために働きたいと言っています。	チアリーダーをしている人の右側の人は、バンドをしています。
経営学部の人は、商業の教員免許の取得を目指しています。	商業高校の先生になりたがっている人は、野球部に所属しています。
野球をしている人の左の人は、自律走行型ロボットに関心があるので、工学部電子工学科を選びました。	工学部の人は、鈴木君です。

自分で会社を起こそうと考えている人の右側の人は、高橋君です。	野球部でセンターを守っている人の正面にいるのは、渡辺君です。
田中さんは、渡辺君の左ななめ前にいます。	学校の先生になりたいと思っている人のななめ前にいるのは、伊藤さんです。
部活やサークルをしていない人もいます。	田中さんは、将来世界を飛び回る仕事をしたいと思い、キャビンアテンダントになろうと考えています。
サークルのバンドでボーカルをしている人の正面の人は経営学部で、マーケティングの科目が好きだと言っています。	部活やサークルに入っていない人は、だれですか？
チアリーダーをしている人の学部はなんですか？	ボーカルをしている人は、だれですか？

メンバーの座席の位置を模造紙に書いてください。そして、それぞれのメンバーの情報を書き加えてください。

> **Point**
> ● グループ分けは，前回と異なる方法で行うようにする。
> ● グループ分けは作為的にならず，学生が新たに出会い，グループをつくるようにする。教員の意図でグループ分けをしないようにする。
> ● グループに分かれる時や場所のセッティングの時に，すぐに動かない場合も指示的になり過ぎないようにする。

②各グループ内で，自己紹介をする。

> **Point**
> ● 学部学科，氏名以外に，前回とは違った，誰もが答えやすいテーマを設定する。

2) 指示書を各自に1枚ずつ，情報カードとマジックを各グループに1セット，模造紙を各グループに1枚ずつ配付する。(5分)

①教員は実習の手順を，指示書を読み上げて説明する。特に以下の点について確認する。一通り説明した後，質問を受ける。

　　□自分の情報カードを人に見せてはいけないこと
　　□人の情報カードを見てはいけないこと
　　□模造紙に情報カードの情報をそのまま書き写してはいけないこと

> **Point**
> ● 指示書は丁寧に読み上げる。
> ● 質問には丁寧に答える。
> ● 具体的な進め方はグループ内で決めることなので，作業に関するアドバイス，コツ，ヒントなどは言わない。

②各グループは，情報カードをグループメンバーに配付し，実習の準備を行う。

> **Point**
> ● 情報カードが31枚あるかを確認した後，メンバーに均等に配るよう伝える。
> ● 一斉にスタートするので，配られた情報カードは裏返しのままにし，読み始めないように伝える。

3) 教員は，実習時間を伝え，終了時刻を板書したのち，実習の開始を告げる。
　　(20分)

> **Point**
> ● 教員は，ルール違反がない限り，グループの作業に口出ししない。
> ● 全体でのわかちあいの時など，実習中に観察していたことが大事なデータとなることがある。グループやメンバーの動きを，よく観察する。
> ● 教室の全体の状況を見て，また全体の時間配分を考慮して，解答を出せていないグループが多いようであったら，実習時間の延長をするかどうかを検討する。
> ● 時間を延長する際は，全グループに聞こえるように発声し，板書しなおす。

4) 教員は，終了時間がきたら実習の終了を告げる。まず，情報カードに書いてあった問題について尋ね，その解答と席順について，各グループの結果を順番に発表する。最後に正解を提示する。（5分）

実習の解答

1) 情報カードにある質問の答え
● 部活にもサークルに入っていない人は，だれですか？ ……「鈴木君」
● チアリーダーをしている人の学部はなんですか？ ………「人文学部」
● ボーカルをしている人は，だれですか？ ……………「渡辺君」

2) 正解

名前	①高橋	②伊藤	③渡辺	④田中	⑤鈴木
学部	経営学部	人文学部	農学部	国際関係学部	工学部
部活	野球部	チアリーダー	バンド（ボーカル）	茶道部	なし
バイト	居酒屋	家庭教師	スーパー	なし	新聞配達
将来	先生	公務員	未定	CA	起業

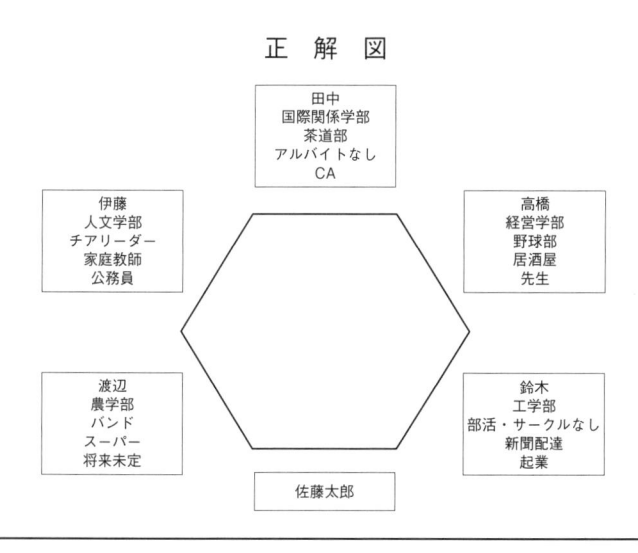

正　解　図

```
              田中
           国際関係学部
              茶道部
           アルバイトなし
               CA

  伊藤                          高橋
  人文学部                      経営学部
  チアリーダー                  野球部
  家庭教師                      居酒屋
  公務員                        先生

  渡辺                          鈴木
  農学部                        工学部
  バンド                        部活・サークルなし
  スーパー                      新聞配達
  将来未定                      起業

              佐藤太郎
```

> **Point**
> ● 各グループで情報カードを見返したりしながら，答えを確認したりすることも起こる。学生が解答に納得するための時間の余裕をもつ。
> ● 正解だったグループを讃える。

3 ふりかえり・わかちあい（30分）

1) 個人記入（10分）

ふりかえり用紙に各自記入する。

2) グループ内でのわかちあい（15分）

全員がふりかえり用紙に記入し終わったら，グループ内でふりかえり用紙に記入したことを一人ひとり項目ごとに発表し，話し合いをする。その際，わかちあいについての簡単な説明も行う。

3) 全体でのわかちあい，コメント（5分）

それぞれのグループからわかちあいで話し合われたこと，特にこの実習を通して気づいたこと，学んだことについて，教室全体でわかちあう。また，学生にとって有益であると判断したならば，この実習の過程で起こっていたこと，わかちあいで発表されたことなどで教員が気づいたことなどを今日のねらいと関連させながらコメントする。

> **Point**
> ● 学生が発言したことを取り上げて，ねらいと関連づけることを心がける。
> ● 気づきや学びは個人で異なる。また，時間をかけて今日の体験を熟成することで気づきや学びを得る学生もいる。学生を誘導したり，評価したり，気づくことを求めたりするようなコメントにならないように注意する。

4 講義「体験学習の循環過程」（10分）

「体験学習の循環過程」の説明資料を配付し，この実習による自己成長のイメージを伝え，授業を締めくくる。（10分）

> **Point**
> とくに今回実施した実習の目的に関連づけて説明すると，学生にとっては理解しやすい。そのためにも，教員は，実習，ふりかえり，わかちあいのときに観察したことをメモしておくなど，記録に残しておく。

5 ジャーナル記入（5分）

4 人とかかわってみよう

【配付資料】

「自己形成」 第4回目プログラム

人とかかわってみよう

【今日のねらい】
・他者と知り合う
・積極的に他者とかかわることを試みる
　（言ってみる、聴いてみる、尋ねてみる、表現してみる、…）

日程表　　年　月　日

授業開始	ジャーナル、名札を受け取る
5分後	今日の予定とねらいについて
	グループ分け、自己紹介
	実習「あの人だれだっけ?!」 手順の説明 実施（20分） 結果と正解発表
45分後	ふりかえり（個人作業） わかちあい（グループで話し合い） 全体でのわかちあい、コメント
75分後	講義「体験学習の循環過程」
85分後	ジャーナル記入
授業終了	

あの人だれだっけ?!

指示書

　大学に入学して半年が経った佐藤太郎君は、自分のことをもっと知ろう、友達をつくろう、これからの大学生活や将来のことをちょっと考えてみようと思い、「自己形成」セミナーを履修することにしました。
　最初の講義からグループでの実習が行われることにちょっと驚きと不安を感じましたが、これも友だちと知り合う機会になればと思い、まずは自己紹介をしました。ところが緊張していたせいか、だれがだれだかわからなくなってしまいました。
　わかっている情報は、31枚のカードになっています。これをグループのメンバーで均等に分け、太郎君の問題を解決してください。

　　　　　時　間：２０分

ルール

・各自が持っている情報は、口頭で伝えてください。
・他の人が持っている情報紙を見たり、自分の情報紙を他の人に渡したり、見せたりしないでください。
・情報を皆が見えるように模造紙にそのまま書き写さないでください。ただし、模造紙は、絵や単語をメモしたり、図示したりして、グループ活動に有効に利用してください。

ふりかえり用紙

1．今の実習の中で、あなたは
（1）他者と積極的にかかわる（言ってみる、聴いてみる、尋ねてみる、表現してみる…）ことはできましたか。そのことから気づいたこと、感じたことはどのようなことがありますか。

　　　　　　　　　　　　　　　　　1　2　3　4　5
　　　　　　　　　　　　　　　できなかった　　できた

（2）他のメンバーの言動から、あなたが気づいたこと、感じたこと、印象に残ったことや、あなたが思うその人の取ったグループでの役割、あなたが影響を受けたことはどのようなことがありますか。
　（だれの）　　（どのような言動?）　（気づいたことや印象・役割・影響など）

2．この実習での体験を踏まえて、次回どんな働きかけやかかわり方をしてみたいと思いますか。

3．その他、気づいたこと、感じたことなど自由に書いてください。

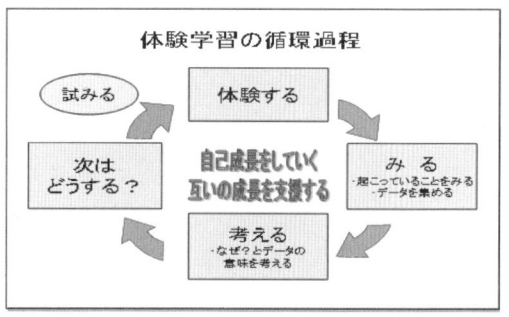

体験学習の循環過程

試みる → 体験する → みる（・起こっていることをみる ・データを集める）→ 考える（・なぜ？とデータの意味を考える）→ 次はどうする？

自己成長をしていく　互いの成長を支援する

【配付資料】

Journal

学科：＿＿＿＿＿　　学籍番号：＿＿＿＿＿　　氏　名：＿＿＿＿＿＿＿＿

今日の授業で、
1．自分自身について気づいたこと、感じたこと、学んだことを、できるだけ具体的に書いてください。

2．あなたがグループの他のメンバーについて気づいたこと、感じたこと、あなたが他のメンバーから影響や刺激を受けたこと、参考にしたいことなどをできるだけ具体的に書いてください。

3．その他、気づいたこと、感じたこと、思ったことなどを自由に書いてください。

5 自分なりのリーダーシップを とってみよう(1)

- ◉「自己形成」の第5回目と第6回目の授業として行う。前々回，前回でグループワークに取り組んできた。引き続き今回もグループワークに取り組み，他者とかかわる中で自分がグループでできることを考える場とする。講義として「リーダーシップ」を取り上げて学ぶ。
- ◉実習は，「オブジェづくり」を実施する。グループごとでさまざまな素材を使って与えられたテーマに基づいてオブジェを制作する。第5回目の授業では，グループづくりとグループでの制作のための企画の打ち合わせ，第6回目の授業で制作に取り掛かる。
- ◉グループでテーマについて話し合いをもったり，オブジェを制作したりする過程で，それぞれのメンバーやグループに起こっていることを観察し，その中で自分ができることはなにかを考え，自分がとれるリーダーシップを試みる。

実習のねらい
- ◉グループで活動する上でのメンバーの機能について考える
- ◉自分，他のメンバー，グループを観る
- ◉自分のとれるリーダーシップを試みる

プログラムの流れ	
1 導入 ●今日の予定とねらいの説明 ●講義「リーダーシップ」 ●自分のねらいづくり	20分
2 実習「オブジェづくり」 ●グループ分け，セッティング ●自分が立てたねらいの発表 ●資料等の配付 ●手順の説明 ●実習の実施 ●各グループ内での自己紹介 ●話し合い	35分
3 ふりかえり・わかちあい ●個人記入 ●グループ内でわかちあい ●全体でわかちあい	30分
4 ジャーナル記入	5分

グループのサイズ	
●1グループ5〜6人。	
教室のレイアウト	
●グループごとに机を合わせて「島」をつくって座る。 ●各グループが相互に邪魔にならないように,グループ同士の間隔を適度に空ける。	
準備物一覧	
●名札（毎回回収）	各自に1つ
●ねらいと日程表	各自に1枚
●講義「リーダーシップ」説明資料	各自に1枚
●（必要であれば）グループ分けのための小道具	1セット
●指示書	各自に1枚
●模造紙	各グループに1枚
●A3サイズコピー用紙	各グループに1枚
●模造紙	各グループに1枚
●ふりかえり用紙	各自に1枚
●ジャーナル	各自に1枚
●名札回収箱	1　箱
●ジャーナル回収箱	1　箱

オブジェのための素材と道具類	
●A4サイズコピー用紙	各グループに30枚
●色紙（いろがみ）	各グループに1セット
●セロファン紙	各グループに1セット
●紙テープ	各グループに1セット
●紙粘土	各グループに1個
●マジック	各グループに1セット
●のり	各グループに2本
●はさみ	各グループに2丁
●セロテープ	各グループに1つ
※素材は上記のもの以外を準備してもよいし,上記素材で準備できないものは省いてもよいが,素材がある程度豊富なほうが学生のユニークさや独自性が出る可能性がある。	

●プログラムの進め方

1 導　入（20分）

1) あいさつを行ったのち，今日の予定とねらいについて説明する。（5分）

> **Point**
> - 今回は話し合いだけなので，実際に素材は使わないが，できればどのようなものがあるか学生が確認できるように素材は1〜2セットほど教室に用意しておくほうが望ましい。
> - 今日のねらいは，必ず授業の最初に説明する。
> - どういう思いや意図があって今回のねらいが設定されているか，初回の授業で取り上げた「いのち」の話や前回の授業で起こったこと，ジャーナルに書かれていたことなども参考にして，今回のねらいを説明すると学生は受け入れやすい。

2) リーダーシップについて考えるための講義を行う。（10分）

☞参照：●講義例④「リーダーシップ」

> **Point**
> - 学生に「リーダーシップって何だろう？」と問いかけたりし，リーダーシップについて考える時間をとる。
> - リーダーシップについて解説する際，今日的なリーダーシップの考え方におけるポイントは以下のようなことである。
>   □ リーダーシップはリーダーのみが発揮するものではない。
>   □ リーダーシップはメンバーのだれもが受け持つことができる役割である。
>   □ 内容，状況，メンバーなどにより，自分がその時その場面でどのようなリーダーシップをとるか考え，実行することが求められる。
>   □ リーダーシップは固定的なものではない。時間の経過により自分が取りうるリーダーシップも変わる可能性がある。

3) 今日のねらい，講義を受けて，学生一人ひとりに，今日の自分のねらいを日程表にある枠に書くように指示をする。（5分）

> **Point**
> - 今回の実習は，各自が自分なりのねらい（取り組んでみたいこと）を挙げ，それを意識しながら実習に取り組む。
> - 今回のグループ活動でやってみたいかかわり方，いつもの自分とは少し違うかもしれないが，試してみてもいいかな，と思える程のねらいを設定することを伝える。
> - 講義「リーダーシップ」を参考としたり，自分の過去の体験（前回までの体験），これまでのふりかえり用紙やジャーナルで書いたことなどを見返してみたりすることを勧める。
> - ねらいは，「○○しない」という表現ではなく「○○する」という言い回しにすることを伝える。
> - ねらいは，できる限り具体性があり，行動がとりやすいものにする。数として1〜2つ程度。

2 実習「オブジェづくり」(35分)

1) 1グループ5～6人になるように分かれて，机・椅子等を移動させ，場所をセッティングする。その後，指示書を各自に配付する。教員は実習の手順を，指示書を読み上げて説明する。一通り説明した後，質問を受ける。（5分）

> **Point**
> - グループ分けは，前回と異なる方法で行うようにする。
> - グループ分けは作為的にならず，学生が新たに出会い，グループをつくるようにする。教員の意図でグループ分けをしないようにする。
> - 指示書は丁寧に読み上げる。
> - 質問には丁寧に答える。

2) 教員は，Ａ３用紙と模造紙を取りに来るよう指示する。実習開始時間を伝える。その際，始めに自己紹介と自分が立てたねらいを発表し，それから実習に取り組むように説明する。話し合い終了時刻を板書する（30分）。

> **Point**
> - 教員は，グループの作業に口出ししない。
> - 全体でのわかちあいの時などに，実習中に観察していたことが大事なデータとなることがある。グループやメンバーの動きを，よく観察する。

3) 終了時間がきたら実習の終了を告げる。

3 ふりかえり・わかちあい (30分)

1) 個人記入（10分）

　　ふりかえり用紙に各自記入する。

2) グループ内でのわかちあい（15分）

　　全員がふりかえり用紙に記入し終わったら，グループごとにふりかえり用紙に記入したことを一人ひとり項目ごとに発表し，話し合いをする。その際，わかちあいについての簡単な説明も行う。

3) 全体でのわかちあい・コメント（5分）

　　それぞれのグループからわかちあいで話し合われたこと，特にこの実習を通して気づいたこと，学んだことについて全体に発表してもらう。また，学生にとって有益であると判断したならば，この実習の過程で起こっていたこと，わかちあいで発表されたことなどで教員が気づいたことなどを今日のねらいと関連させながらコメントする。

> **Point**
> - 学生が発言したことを取り上げて,ねらいと関連づけることを心がける。
> - 気づきや学びは個人で異なる。また,時間をかけて今日の体験を熟成することで気づきや学びを得る学生もいる。学生を誘導したり,評価をしたり,気づくことを求めたりするようなコメントにならないよう注意する。
> - 学生間では気づけなかったリーダーシップを取り上げてコメントをする。

4 ジャーナル記入(5分)

【配付資料】

「自己形成」 第5回目プログラム
自分なりのリーダーシップを とってみよう①

【今日のねらい】
・グループで活動をする上でのメンバーの機能について考える
・自分、他メンバー、グループを観る
・自分のとれるリーダーシップを試みる

日程表　年　月　日

授業開始　ジャーナル、名札を受け取る
　　　　　今日の予定とねらいについて
　　　　　講義「リーダーシップ」
　　　　　自分のねらいづくり
20分後　　実習「オブジェづくり」
　　　　　　グループ分け
　　　　　　手順の説明
　　　　　　実施（30分：自己紹介を含め）
　　　　　　作品の鑑賞
55分後　　ふりかえり（個人作業）
　　　　　わかちあい（グループで話し合い）
　　　　　全体でわかちあい、コメント
85分後　　ジャーナル記入
授業終了

リーダーシップの機能

仕事の達成に役立つリーダーシップ機能

1. 発議する、口火を切る（途中でも）。
2. 情報、意見、アイデアなどを提供したり、求めたりする。
3. メンバーが言った情報、意見、アイデアなどを明確にしたり、吟味したり、解釈したりする。
4. メンバーが言った情報、意見、アイデアなどを関連づけ、まとめや締めくくりをする（途中でも、終わりでも）。
5. 作業や話し合いの進め方や手順を確認したり、提案したりする。
6. 同意をとりつけたり、意見が一致したかどうか確認したり、意思決定に働きかけたりする。
7. 記録したり、時間管理をするなど、管理面で貢献する。

人間関係をつくったり、維持することに役立つリーダーシップ機能

1. あたたかく励ましたり、支えたり、参加を促したりする。
2. 雰囲気をつくったり、メンバーの感情や気持ちを問いかけたり、グループで共有化したりする。
3. メンバー間の緊張を和らげたり、調和をはかったり、仲を取り持ったりする。
4. グループの話し合いや意思決定に納得した上で妥協する。
5. グループにある暗黙の決まりごと（発表順、役割など）に対して働きかける。
6. コミュニケーションを促進させる働きをする。
7. グループの現状（メンバーの参加の様子、発言する量のバランス、メンバー間のかかわり合いなど）を観察して、現状をフィードバックする。

（星野欣生著「職場の人間関係トレーニング／金子書房」を参考にクリスタルクリエイトが加筆修正）

オブジェづくり

指示書

限られた素材を用いてオブジェをつくります。
オブジェのテーマは、"いのち"です。
今日の授業では、自己紹介、各自が立てたねらいの発表、オブジェ制作のための企画の話し合いを行います。時間は、すべてを含めて30分です。次週の授業でオブジェを完成させ、観賞会を開きます。

オブジェ制作の素材は
・模造紙　　　　　　　1枚（台紙に使います。制作には使えません）
・A4サイズコピー用紙　30枚
・色紙　　　　　　　　1セット
・セロファン紙　　　　1セット
・紙テープ　　　　　　1セット
・紙粘土　　　　　　　1個
・マジック　　　　　　1セット
道具は
・のり　　　　　　　　2本
・はさみ　　　　　　　2丁
・セロテープ　　　　　1つ
です。

ふりかえり用紙

1. 今の実習で、あなたは

(1) どのくらい他のメンバーやグループの様子、動きを観ることができましたか。そのことから自分について気づいたこと、感じたこと、思ったことは。

1　2　3　4　5
できなかった　　できた

(2) 立てたねらいをどのくらい達成できたと思いますか。そのことから気づいたこと、感じたこと、思ったことは。

1　2　3　4　5
できなかった　　できた

(3) 他のメンバーはどのようなリーダーシップ、機能、役割をとっていたと思いますか。それはどのような言動からそう思いますか。

（だれ？）　　（どのようなリーダーシップなど？）　　（どのような言動から？）

2. あなたが次回の授業で取り組んでみたい自分のねらいはどのようなことがありますか。

5 自分なりのリーダーシップをとってみよう（1）

【配付資料】

Journal

学科：＿＿＿＿＿　学籍番号：＿＿＿＿＿　氏　名：＿＿＿＿＿＿＿

今日の授業で、
1．自分自身について気づいたこと、感じたこと、学んだことを、できるだけ具体的に書いてください。

2．あなたがグループの他のメンバーについて気づいたこと、感じたこと、あなたが他のメンバーから影響や刺激を受けたこと、参考にしたいことなどをできるだけ具体的に書いてください。

3．その他、気づいたこと、感じたこと、思ったことなどを自由に書いてください。

6 自分なりのリーダーシップを とってみよう(2)

- ●「自己形成」の第6回目の授業として行う。前回の授業でリーダーシップの講義をし，自分なりのねらいを立てた。立てたねらいを意識しながら，グループでオブジェをつくる話し合いのなかで自分がグループにできることにチャレンジする場とした。
- ●今回は改めて各自がねらいを立て，オブジェを制作する過程で，それぞれのメンバーやグループに起こっていることを観察し，その中で自分ができることはなにかを考え，自分がとれるリーダーシップを試みる。
- ●体験学習の循環過程に基づき，前回ふりかえりやわかちあいで自分が考え，「次はどうする？」と設定したことを，今回で試行する場とする。

実習のねらい
- ●グループで活動する上でのメンバーの機能について考える
- ●自分，他のメンバー，グループを観る
- ●自分のとれるリーダーシップを試みる

プログラムの流れ	
1　導入 ●今日の予定とねらいの説明 ●自分のねらいづくり	10分
2　実習「オブジェづくり」 ●自分が立てたねらいの発表 ●資料等の配付 ●手順の説明 ●実習の実施 ●作品の鑑賞	45分
3　ふりかえり・わかちあい ●個人記入 ●グループ内でわかちあい ●全体でわかちあい	30分
4　ジャーナル記入	5分
グループのサイズ	
●1グループ5～6人。	

教室のレイアウト	
●グループごとに机を合わせて「島」をつくって座る。 ●各グループが相互に邪魔にならないように，グループ同士の間隔を適度に空ける。	
準備物一覧	
●名札（毎回回収）	各自に1つ
●ねらいと日程表	各自に1枚
●指示書	各自に1枚
●模造紙	各グループに1枚
●A4サイズコピー用紙	各グループに30枚
●色紙（いろがみ）	各グループに1セット
●セロファン紙	各グループに1セット
●紙テープ	各グループに1セット
●紙粘土	各グループに1個
●マジック	各グループに1セット
●のり	各グループに2本
●はさみ	各グループに2丁
●セロテープ	各グループに1つ
●ふりかえり用紙	各自に1枚
●ジャーナル	各自に1枚
●名札回収箱	1　箱
●ジャーナル回収箱	1　箱

●プログラムの進め方

1　導　入　（10分）

1）前回と同じグループであるため，授業の始めからグループに分かれ，机といすの設定をする。

　あいさつを行った後，今日の予定とねらいについて説明をし，前回と同様，学生一人ひとりに，今日の自分のねらいを日程表の枠に書くように指示をする。（10分）

> **Point**
> - 授業の開始前に,模造紙等作品の制作に使用する素材や道具をあらかじめグループ数ごとに分けておく。
> - 今日のねらいは,必ず授業の最初に説明する。
> - 前回,自分が立てたねらいやふりかえり,わかちあいで学んだこと,得たことを踏まえて,今回改めて自分のねらい(取り組んでみたいこと)を書く。
> - 前回の授業で使用した「リーダーシップ」を改めて紹介する。
> - ねらいは,「○○しない」という表現ではなく「○○する」という言い回しを使うことを伝える。
> - ねらいは,できる限り具体性があり,行動がとりやすいものを勧める。数として1〜2つ程度。

2 実習「オブジェづくり」(45分)

1) 指示書を各自に配付する。

　教員は実習の手順を,指示書を読み上げて説明する。一通り説明した後,質問を受ける。

　教員は,制作に使う素材や道具を取りに来るよう指示する。グループができた後,実習開始時間を伝える。その際,始めに自己紹介と自分が立てたねらいを発表し,それから実習に取り組むように説明する。作品制作終了時刻を板書する(35分)。

> **Point**
> - 指示書は丁寧に読み上げる。
> - 質問には丁寧に答える。
> - オブジェの制作は,学生が各自のねらいを言い終わるまで進めないことに注意する。
> - 具体的な進め方はグループ内で決めることなので,作業に関するアドバイス,コツ,ヒントなどは言わない。
> - 教員は,グループの作業に口出ししない。
> - 全体でのわかちあいの時などでの学生へのフィードバックやコメントのために,グループやメンバーの動きをよく観察する。

2) 終了時間がきたら実習の終了を告げる。その後,観賞会とし,各グループの作品を鑑賞するように伝える。(10分)

3 ふりかえり・わかちあい (30分)

1) 個人記入 (10分)

　ふりかえり用紙に各自記入する。

2) グループ内でのわかちあい (15分)

　全員がふりかえり用紙に記入し終わったら,グループごとにふりかえり用紙に記入したことを一人ひとり項目ごとに発表し,話し合いをする。その際,

わかちあいについての簡単な説明も行う。

3) 全体でのわかちあい・コメント（5分）

それぞれのグループからわかちあいで話し合われたこと，特にこの実習を通して気づいたこと，学んだことについて全体に発表してもらう。また，学生にとって有益であると判断したならばこの実習の過程で起こっていたこと，わかちあいで発表されたことなどで教員が気づいたことなどを今日のねらいと関連させながらコメントする。

> **Point**
> - 学生が発言したことを取り上げて，ねらいと関連づけることを心がける。
> - 気づきや学びは個人で異なる。また，時間をかけて今日の体験を熟成することで気づきや学びを得る学生もいる。学生を誘導したり，評価をしたり，気づくことを求めたりするようなコメントにならないよう注意する。
> - 学生間では気づけなかったリーダーシップを取り上げてコメントをしてもよい。

4　ジャーナル記入（5分）

6 自分なりのリーダーシップをとってみよう（2） 71

【配付資料】

「自己形成」　第6回目プログラム

自分なりのリーダーシップを
とってみよう②

【今日のねらい】
・グループで活動をする上でのメンバーの機能について考える
・自分、他のメンバー、グループを観る
・自分のとれるリーダーシップを試みる

日程表　　　年　　月　　日

授業開始
　　ジャーナル、名札を受け取る

　　今日の予定とねらいについて
　　自分のねらいづくり
10分後
　　実習「オブジェづくり」
　　　手順の説明
　　　実施（35分）
　　　作品の鑑賞（10分）
55分後
　　ふりかえり（個人作業）
　　わかちあい（グループで話し合い）
　　全体でわかちあい、コメント
85分後
　　ジャーナル記入

授業終了

オブジェづくり

指示書

限られた素材を用いてオブジェをつくります。
オブジェのテーマは、"いのち"です。
初めに、今回立てた各自のねらいを発表してください。その後、前回の授業で話し合ったことをもとに、今日の授業はオブジェの制作に取りかかってください。制作の時間は35分です。その後、観賞会を行います。制作したオブジェのタイトルは台紙に書いてください。

素材は
・模造紙　　　　　　　　　1枚（台紙に使います。制作には使えません）
・A4サイズコピー用紙　　30枚
・色紙　　　　　　　　　　1セット
・セロファン紙　　　　　　1セット
・紙テープ　　　　　　　　1セット
・紙粘土　　　　　　　　　1個
・マジック　　　　　　　　1セット

道具は
・のり　　　　　　　　　　2本
・はさみ　　　　　　　　　2丁
・セロテープ　　　　　　　1つ
です。

✎ふりかえり用紙

1．今の実習で、あなたは
（1）どのくらい他のメンバーやグループの様子、動きを観ることができましたか。そのことから自分について気づいたこと、感じたこと、思ったことは。
　　　　　1　2　3　4　5
　　　できなかった　　できた

（2）立てたねらいをどのくらい達成できたと思いますか。そのことから気づいたこと、感じたこと、思ったことは。
　　　　　1　2　3　4　5
　　　できなかった　　できた

（3）他のメンバーはどのようなリーダーシップ、機能、役割をとっていたと思いますか。それはどのような言動からそう思いますか。
　（だれ？）　（どのようなリーダーシップなど？）　（どのような言動から？）

――――――――

――――――――

――――――――

――――――――

2．今後、あなたが課題としたいことはどのようなことがありますか。

✎Journal

学科：　　　　　　学籍番号：　　　　　　氏名：

今日の授業で、
1．自分自身について気づいたこと、感じたこと、学んだことを、できるだけ具体的に書いてください。

2．あなたがグループの他のメンバーについて気づいたこと、感じたこと、あなたが他のメンバーから影響や刺激を受けたこと、参考にしたいことなどをできるだけ具体的に書いてください。

3．その他、気づいたこと、感じたこと、思ったことなどを自由に書いてください。

7　いろんな生き方がある：人生のケーススタディ(1)

- ◉「自己形成」の第7，8回目の授業として人生のケーススタディ①，②を行い，同じテーマに取り組み，働くこと，生きること，価値観について学ぶ。自分の価値観に気づき，他者の価値観を知ることで，さまざまな価値観があることを体験から学ぶ。また異なる価値観の者同士で合意形成を行うことを通して学びを深める。
- ◉今回は，人生のケーススタディ①として，グループで働く意味を考える。実習は，「彼らはみんな生きている」を実施する。架空の7人の社会人プロフィールが用意されている。個人作業として，登場する7人を自分の好感度に応じて順位づけする。順位づけされた個人の決定は，次回第8回目の人生のケーススタディ②で持ち寄り，グループ討議の素材とする。

実習のねらい
- ◉グループで活動する上でのメンバーの機能について考える
- ◉自分，他のメンバー，グループを観る
- ◉自分のとれるリーダーシップを試みる

プログラムの流れ	
1　導入 ●今日の予定とねらいの説明	5分
2　実習「なぜ働くのだろう？」 ●グループ分け，自己紹介 ●手順の説明 ●グループ討議 ●結果発表	35分
3　実習「彼らはみんな生きている」 ●手順の説明 ●個人記入	45分
4　ジャーナル記入	5分
グループのサイズ	
●1グループ5～6人。 ●何グループでも実施可能。	
教室のレイアウト	
●グループごとに机で「島」をつくって座る。 ●各グループが相互に邪魔にならないように，グループ同士の間隔を適度に空ける。	

準備物一覧	
●名札（毎回回収）	各自に1つ
●ねらいと日程表	各自に1枚
●（必要であれば）グループ分けのための小道具	1セット
●半分にした模造紙	各グループに1枚
●マグネット（またはテープ）	適宜
●マジック	各グループに1セット
●課題シート／個人記入シート	各自に1枚
●社会人プロフィール	各自に1枚
●ジャーナル	各自に1枚
●名札回収箱	1箱
●ジャーナル回収箱	1箱

●プログラムの進め方

1 導入（5分）

1) あいさつを行ったのち，今日の予定とねらいについて説明する。（5分）

> **Point**
> ●前半は，グループ討議が中心になるので，話しやすい雰囲気づくりを特に心がける。
> ●後半は，個人作業中心になるので，個人の世界に入り込めるように配慮する。

2 実習「なぜ働くのだろう？」（35分）

1) 1グループ5〜6人程度になるように分かれて，机・椅子等を移動させ，場所をセッティングし，グループ内で自己紹介をする。（5分）

> **Point**
> ●グループ分けは，前回と異なる方法で行うようにする。
> ●グループ分けは作為的にならず，学生が新たに出会い，グループをつくるようにする。教員の意図でグループ分けをしないようにする。
> ●学部学科，氏名以外に，前回とは違った誰もが答えやすいテーマを用意し，板書するなどの工夫をする。

2) 個人で「なぜ働くのだろう？」について考え，ワークシートの（1）の欄に記入する。（5分）

3) 1) に記入したものをもとに，グループで共有する。グループで出された意見を（2）の欄にまとめ，模造紙に書く。（10分）

> **Point**
> ● まずは，自由に話せる雰囲気を作る。
> ● グループで出てきた意見は，否定せず，そのまま受け止めるように伝える。
> ● 配布する模造紙は，全版ではなく半分にした大きさのものを使用する。

4) 結果発表とまとめ（15分）

　グループ毎に話された意見や考えが書かれた模造紙を貼りだす。クラス全員で共有するために，教員が読み上げる。

　また，学生に，グループの話し合いでは出なかったものや参考になるものを，ワークシートの（3）の欄に記入するように伝える。

> **Point**
> ● 学生の動きが遅い時には，一声かけて，模造紙の貼り出しに時間が取られないようにする。
> ● 学生自身が，現在働くことについてどんな考えや思いをもっているか確認することが目的である。教員の考えを押し付けないようにし，学生の意見や考えを否定しないようにする。

3　実習「彼らはみんな生きている（個人作業）」（45分）

1) 課題シート／個人記入シート，社会人プロフィールを各自に1枚ずつ配付する。

　教員は，実習全体の手順（個人決定からグループ討議まで）を説明する。一通り説明した後，質問を受ける。（10分）

> **Point**
> ● 質問には丁寧に答える。
> ● 社会人プロフィールを読む時間は，学生が集中できる雰囲気づくりを心がけ，各自が読み進められるようにする。気になった言葉は下線を引いたり，言葉を囲んだりしながら，読み進めるとよいなど，アドバイスをする。
> ● 社会人プロフィールの文中にわからない語句があるかもしれない（例えば「総合職」「専門職」「社宅」「歩合制」「内定」など）。学生は，恥らって質問をしてこないことも充分に考えられる。このような用語については，こちらから意味を問いかけ，確認する。
> ● 必ず同順位にしないように指示する。
> ● 順位のつけ方は，人それぞれである。順位づけに関するアドバイスやコツなどは決して言わず，できるかぎり個人の考えが反映されるようにする。

2）教員は，個人決定の実習時間を伝え，終了時刻を板書したのち，実習の開始を告げる。(35分)

> **Point**
> ●終了時間が来てもまだ個人作業を終えられない学生がいる場合，理由は書いていなくても順位は必ずつけるように伝える。
> ●次回のグループ討議で使用するため，順位と理由を書いてくるように宿題とする。

3）教員は，終了時間がきたら個人決定実習の終了を告げる。

次回にこの順位表を元にグループで話し合うことを伝え，忘れないように念押しをする。

4 ジャーナル記入（5分）

【配付資料】

「自己形成」第7回目プログラム

いろんな生き方がある
人生のケーススタディ①

【今日のねらい】
- グループでの話し合いを通してさまざまな考えや価値観があることを知る
- 生きていく上で、自分の大切なものを見つめる
- 30歳までの自分の生き方をイメージしてみる

日程表　　年　　月　　日

授業開始 ── ジャーナル、名札を受け取る
　　　　　　今日の予定とねらいについて
5分後 ────
　　　　　　グループ分け、自己紹介
　　　　　　実習：「なぜ働くのだろう？」
　　　　　　グループ討議
40分後 ───

　　　　　　実習「彼らはみんな生きている」
　　　　　　手順の説明
　　　　　　個人決定

85分後 ───
　　　　　　ジャーナル記入
授業終了 ──

実習「なぜ働くのだろう？」ワークシート

「なぜ働くか」について考えます。先ずは、このテーマについて、個人で取り組みます。それを基にして、グループで意見を出し合います。その後、クラス全体の意見や考えを出し合います。

（1）あなたは、なぜ、なんのために働きますか。あなたが思うこと、考えたことを書いてください。

（2）グループで出た意見や考え

（3）クラス全体で出た意見や考え

彼らはみんな生きている

課題シート

今日は、社会に出て働いている30歳前後の7人に集まってもらい、それぞれの人がどんなことをし、どんなことを考えているのか話してもらいました。あなたはそれぞれの人の話を読んで、あなた自身が好感を持てる人の順位を、1位から7位まで決めてください。また、その理由も書いてください。

個人記入シート

項目	順位	理　　　　由
青木さん		
白石さん		
赤井さん		
黒田さん		
緑川さん		
百瀬さん		
村崎さん		

彼らはみんな生きている

社会人プロフィール

青木さん：
　会社ではソフトウェア開発の仕事を3年間した後、現在は営業をしています。もともと話下手なせいか、営業に移ってからはなかなか成績が上がらず、大変です。妻と子どもが2人いますが、妻はもう一人欲しいと言っています。
　現在は社宅に住んでいますが、近いうちに郊外に一軒家を買うのが夢です。そこで家庭菜園などをして、子どもをのびやかに育てたいと思っています。
　現在は苦手な営業をしていますが、転職を繰り返してもぶち当たる壁は必ずあります。自分なりの営業スタイルを確立できるよう、精一杯がんばるつもりです。

白石さん：
　大学を卒業して、メーカーの総合職として就職しました。入社して3年、やっぱり専門職の仕事に対する夢が捨てられず、国際協力機構に応募し、日本語教師としてベトナムへの派遣が決まりました。帰国後、民間企業の日本語学校で非常勤講師として教えていましたが、将来のことを考えて、大学院で修士課程を修了し、フィリピンの大学で日本語教師として2年の契約が決まりました。
　3年お付き合いしている人がいますが、相手も自分の専門職を持っているので、話はいつも刺激的ですが、いつも同じ場所で一緒に生きていくことは困難です。好きな人と共に生きていくこと、大切な仕事、同じ天秤にかけられはしませんが、悩む今日この頃です。

赤井さん：
　ファミレスでホールスタッフとしてアルバイトしています。現在は、いわゆるフリーターです。大学を卒業してすぐに就職したのですが、自分には合っていないと思い、3か月でやめました。再就職をしようと思い、求人サイトを見ていても、なかなかやる気が起こりません。
　高校時代から演劇部に所属し、大学に入ってからも劇団に入っています。その自分が一番生き生きしているので、大変だとは思いますが、プロを目指すことにしました。アルバイトで稼いだ収入は、全部レッスン代に消えてしまい、両親に甘えている状態ですが、不安や焦りはありません。また人生について考える転機は来ると思いますが、20代のうちは今の道を全力で歩んでいくつもりです。

【配付資料】

黒田さん：
　私は三人姉妹の三女です。20代半ばまで海外で大好きなお菓子の勉強をさせてもらうなど、好きなことを存分にしました。
　親を安心させてあげたい気持ちでいっぱいだったので、三女である私が婿をもらい、家業である日本酒造の会社を継ぐことになりました。日本の酒造りは伝統があるものの生き残りが厳しい業界というのもあり、夫にはサラリーマンを続けてもらい、私が父から家業を受け継ぐため修業をすることになりました。伝統を継承することの大事さは幼いころから肌身に感じていますが、長く働いてくれている従業員の生活と日本酒業界の将来性を思うとプレッシャーに押しつぶされそうです。

緑川さん：
　地元の中小企業ですが、機械メーカーの会社で働いています。学生時代の就職活動では、大手企業も1社内定をもらっていましたが、悩んだ結果、最終的にはいろいろな経験ができると思い、今の会社を選びました。というのも、ゆくゆくは自分で起業をしたいと考えていたからです。初めの配属は機械の組み立てでした。文系学部の出身なのでなかなか覚えられず、上司にしかられる度に自分の夢が遠く感じて、何度もやめようと思いました。しかし、同僚に支えられながら3年が過ぎて、以前から希望を出していた経営管理部に異動が決まり、忙しくはありますがやりがいを持ってがんばっています。今は、この会社の社長になってもいいかなぁなんて考えています。

百瀬さん：
　大学時代、親から就職に対するプレッシャーをかけられなかったからでしょうか。就職活動することなく、卒業式を迎えてしまいました。まわりは就職したので、昼間に話す友達も少なくなり、ゴールデンウィークに集まった友人は会社の話でもちきりとなり、共有できない寂しさを感じました。思い直して大学のキャリアセンターに相談し、求人を紹介してもらいました。面接を受けたら採用が決まり、翌日からすぐ勤務が始まりました。大学向けの研究用機械を納品する会社の営業です。働き始めるまで長い道のりでしたが、地道に信頼を築いて、お客さんとのいい関係が生まれています。もちろん嫌なこともたくさんあります。でも、仕事のないさびしい日々を想えば、充実していて幸せです。

村崎さん：
　私は、外車ディーラーの営業職をしています。
　看護師で順調にキャリアアップをしている同じ年の彼女は、私より高給を得ています。私の仕事は歩合制なので、それなりに成績を上げ、彼女に負けない努力をしています。将来を考えると、彼女の収入の方が安定していて、彼女は結婚後も仕事をすることを希望しているので、自分も家事を分担したいと思っています。
　しかし、私の父親は会社の経営者で、古いタイプの人間なので、女性が家庭に入り支えて初めて男は出世できるという考えです。私も長男ですから将来は両親と同居することになると思うと心配です。

Journal

学科：＿＿＿＿＿　学籍番号：＿＿＿＿＿　氏名：＿＿＿＿＿

今日の授業で、
1．自分自身について気づいたこと、感じたこと、学んだことを、できるだけ具体的に書いてください。

2．あなたがグループの他のメンバーについて気づいたこと、感じたこと、あなたが他のメンバーから影響や刺激を受けたこと、参考にしたいことなどをできるだけ具体的に書いてください。

3．その他、気づいたこと、感じたこと、思ったことなどを自由に書いてください。

8 いろんな生き方がある：
人生のケーススタディ(2)

- 「自己形成」の7, 8回目の授業として人生のケーススタディ①, ②を行い，同じテーマに取り組み，働くこと，生きること，価値観について学ぶ。自分の価値観に気づき，他者の価値観を知ることで，さまざまな価値観があることを体験から学ぶ。また異なる価値観の者同士で合意形成を行うことを通して学びを深める。
- 実習は，前回に引き続き「彼らはみんな生きている」を実施する。前回の個人決定をした順位をグループに持ち寄り，グループ内で共有し，グループの総意に基づく順位づけを行う。
- 自分と異なる価値観に出会ったとき，自分はどのような言動をするのか，また他の人はどのような言動をし，その時自分はどのようなことを思ったり感じたりするのか，自分を見つめる。

実習のねらい
- グループでの話し合いを通して，さまざまな考えや価値観があることを知る
- 生きていく上で，自分が大切にしたいものを見つめる
- 30歳までの自分の生き方をイメージしてみる

プログラムの流れ	
1　導入 ●今日の予定とねらいの説明	5分
2　実習「彼らはみんな生きている」 ●資料等の配付 ●手順の説明 ●グループ討議 ●結果発表	50分
3　ふりかえり・わかちあい ●個人記入 ●グループ内でわかちあい ●全体でわかちあい ●コメント（学んだことを深めるためのコメント）	30分
4　ジャーナル記入	5分
グループのサイズ	
●1グループ5～6人。 ●何グループでも実施可能。 ※今回は，前回のグループで実施する	

教室のレイアウト	
●授業開始前に，グループごとに机で「島」をつくって座る。 ●各グループが相互に邪魔にならないように，グループ同士の間隔を適度に空ける。	
準備物一覧	
●名札（毎回回収）	各自に1つ
●ねらいと日程表	各自に1枚
●グループ討議シート	各自に1枚
●ふりかえり用紙	各自に1枚
●ジャーナル	各自に1枚
●名札回収箱	1　箱
●ジャーナル回収箱	1　箱

●プログラムの進め方　● ● ● ● ● ●

1　導　入　（5分）

1）あいさつを行ったのち，今日の予定とねらいについて説明する。（5分）

> **Point**
> ●今回は，グループ討議が中心になるので，話しやすい雰囲気づくりを特に心がける。

2　実習「彼らはみんな生きている（グループ討議）」（50分）

1）グループ討議シートを各グループに1枚ずつ配付し，手順について説明する。特にグループ討議シートの集団決定をする際の留意点を丁寧に確認する。一通り説明した後，質問を受ける。（5分）

> **Point**
> ●留意点は丁寧に読み上げる。
> ●質問には丁寧に答える。
> ●具体的な進め方はグループ内で決めることなので，作業に関するアドバイス，コツ，ヒントなどは言わない。

2）教員は，グループ討議の実習時間を伝え，終了時刻を板書したのち，実習の開始を告げる。（35分）

> **Point**
> ●教員は，ルール違反がない限り，グループの作業に口出ししない。
> ●全体でのわかちあいの時など，実習中に観察していたことが大事なデータとなることがある。グループやメンバーの動きを，よく観察する。
> ●教室の全体の状況を見て，また全体の時間配分を考慮して，できていないグループが多いようであったら，実習時間の延長を検討する。
> ●時間を延長する際は，全グループに聞こえるように発声し，終了時刻を板書しなおす。

3）教員は，終了時刻がきたらグループ討議の終了を告げる。各グループは，結果と，なぜその順位になったのかという理由を発表する。（10分）

Point
- 教員は、グループ討議の終了時刻前までに、結果を発表するための以下のような一覧表を板書しておき、発表に活用するとよい。

登場人物＼グループ	A	B	C	D	E	F
青木さん						
白石さん						
赤井さん						
黒田さん						
緑川さん						
百瀬さん						
村崎さん						

3　ふりかえり・わかちあい（30分）

1）個人記入（10分）
　ふりかえり用紙に各自記入する。

2）グループ内でのわかちあい（10分）
　全員がふりかえり用紙に記入し終わったら，グループごとにふりかえり用紙に記入したことを一人ひとり項目ごとに発表し，話し合いをする。その際，わかちあいについての簡単な説明も行う。

3）全体でのわかちあい（5分）
　それぞれのグループからわかちあいで話し合われたこと，特にこの実習を通して気づいたこと，学んだことについて全体に発表してもらう。

4）コメント（5分）
　学生にとって有益であると判断したならば，この実習の過程で起こっていたこと，わかちあいで発表されたことなどで，教員が気づいたことを，今日のねらいと関連させながらコメントする。

Point
●学生が発言したことを取り上げて，ねらいと関連づけることを心がける。 ●教員が学生の観察を通じて気づいたこと，感じたことなどを述べる。 ●気づきや学びは個人で異なる。また，時間をかけて今日の体験を熟成することで気づきや学びを得る学生もいる。学生を誘導したり，評価したり，気づくことを求めたりするようなコメントにならないよう注意する。 ●学生間では気づけない，価値観の多様性を感じ得るようなコメントをする。 ●この社会人プロフィールは，実在する人物を参考に描かれている。30歳前後にしてこれだけ生き方に多様性があることを知ってもらい，次回からの先生方へのインタビューへの動機づけとなるようなコメントをする。

4　ジャーナル記入（5分）

【配布資料】

「自己形成」　第8回目プログラム

いろんな生き方がある
人生のケーススタディ②

【今日のねらい】
・グループでの話し合いを通してさまざまな考えや価値観があることを知る
・生きていく上で、自分の大切なものを見つめる
・30歳までの自分の生き方をイメージしてみる

日程表　年　月　日

授業開始　　ジャーナル、名札を受け取る
　　　　　　今日の予定とねらいについて
5分後
　　　　　　実習「彼らはみんな生きている」
　　　　　　　　手順の説明
　　　　　　　　グループ討議
　　　　　　　　結果発表
55分後
　　　　　　ふりかえり（個人作業）
　　　　　　わかちあい（グループで話し合い）
　　　　　　全体でのわかちあい、コメント
85分後
　　　　　　ジャーナル記入
授業終了

グループ討議シート

最初に名前の欄にグループのメンバーの名前を書いてください。
次に、グループで話し合って、グループとしての順位を決定してください。

メンバーの名前＼登場人物							グループ決定
青木さん							
白石さん							
赤井さん							
黒田さん							
緑川さん							
百瀬さん							
村崎さん							

集団決定をする際の留意点

1．納得できるまで十分話し合ってください。
2．納得できない限り自分の意見を変えないでください。変える場合は、自分にも他のメンバーにもその理由を明らかにしてください。
3．多数決をしたり、平均点をとったり、取り引きなどはしないでください。少数の人の考え方にもよく耳を傾けましょう。少数意見は、自分の考え方の幅を広げてくれる可能性があります。
4．自分の意見にこだわり続けると、いつまでたってもグループの結論はでません。しかし、安易な妥協は避け、意見を変える場合は納得した上で変えるようにしてください。
5．メンバーの感情やグループの動きにも、配慮しましょう。

ふりかえり用紙

1．前回と今回の実習を通して、あなたが気づいたこと、感じたことを書いてください。

2．他のメンバーの考え、意見、価値観を聞いて、あなたが影響を受けたこと、印象に残ったことを書いてください。

3．前回と今回の実習を踏まえて、生きていく上であなたが大切にしたいと思うこと、軸にしたいと思うことは、どのようなことですか。（たとえば、生きていく上で、働くことで、家族や友人など人間関係で、その他で、）

4．あなたが30歳くらいになった時、どうなっていたいですか。
イメージしたことを言葉にしてみてください。

Journal

学科：　　　　学籍番号：　　　　氏名：

今日の授業で、
1．自分自身について気づいたこと、感じたこと、学んだことを、できるだけ具体的に書いてください。

2．あなたがグループの他のメンバーについて気づいたこと、感じたこと、あなたが他のメンバーから影響や刺激を受けたこと、参考にしたいことなどをできるだけ具体的に書いてください。

3．その他、気づいたこと、感じたこと、思ったことなどを自由に書いてください。

ESSENCE ～ the second half ～
エッセンス　第9回目～第15回目

　第9回目から第12回目までは，先生や人生の先輩へのインタビューです。生きた素材に直に接しながらインタビューの準備，実施および発表が主な実習です。これまでの実習を通じて，人との関わりがもたらす影響や効果について体験してきています。第7～8回目で実施した実習「彼らはみんな生きている」で経験した生き方，価値観の多様性を踏まえて，教室から離れて，生きた素材から何を引き出し，学びにしていくかがカギとなります。十分な時間をかけることによって，この経験が日常でも活かされていくと，視野を広げるひとつの方法を身につけることになります。一番のねらいは，生き方から学ぶことです。ファシリテーターがあまりに多くの結果を期待してはいけませんが，話し合いの進め方，準備の仕方，話の聞き方，伝え方，発表の仕方（紙面の使い方，口頭での伝達とのバランス），時間の管理など，学生が自ら自己の能力を磨く必要性を感じとり，大学生活の中でこれらを高める機会であることを認識してもらうこともできます。実際，就職活動において問われる能力とも言えます。

　第13回目はこれまでの振り返りの総まとめです。実習や体験が重視され，ふりかえりやジャーナル記入がおざなりになる回もあります。時間の関係でやむを得ないことも多々あります。しかし，体験したままにしないで，そこで何が起こったか，何を感じたかをじっくりふりかえることで，課題を捉えることができます。課題を見つけることは成長の種です。ここでは，体験学習の循環過程を実習1回ごとに回すのではなく，これまでの13回の授業をひとつの体験としてふりかえってもらい，終盤第14回目，第15回目へとつなげていきます。改めて体験学習の循環過程を回すことによる自己成長について伝えます。これだけは押しつけてでもやってもらいたいことといえるかもしれません。しかし，ファシリテーターは「やりなさい！」ではなく，「私は大切だと思っているから，取り組んでみませんか！？」という意識を持つことが心構えとして適切です。

　これまで他者との関わりを通じて，また実習を通じて，他者の考えや価値観に触れてきました。第14回目と第15回目は，自分自身のことを改めてふりかえる時間です。第1回目では，いのちの尊さを，また，タイムラインを見ながらこれからの人生を想像する時間を持ちました。第2回目では，現状の自分を認識し，今この瞬間から自分の正直な気持ちに気づくことを意識し，第3回目以降は様々な実習をヒントにしながら，一人ひとりそれぞれの体験をしてきました。改めて，今の自分が何を大事にし，未来に対してどういうイメージを持って，そしてどう舵を切っていくかを考え，今から実行しようと行動プランを具体的に立てることが目標となる実習です。各々違う目標やイメージ，それに基づく行動プランを聞いて，メンバーやクラスメイトはさらに想像力を働かせ，相手を思ってどんなフィードバックやアドバイスができるか，自己形成プログラムのクライマックスです。自分という形をどう成していくのか，未来に希望を持って，一人ひとりそれぞれの一歩を前向きに踏み出せることを願って作ったプログラムです。

9 先生の人生から学ぶ(1)：インタビュー準備

- ●「自己形成」の第9回目の授業として行う。第9回目から第12回目まで全4回連続で，先生（または職員等）の人生から学びながら，生き方について考える。
- ●今回は，グループごとに分かれて先生にインタビューする準備をする。これまで実習のなかで学んだリーダーシップの考え方などを応用して，学生自身でグループ分けをし，インタビューする先生を決める。
- ●自分の自己形成の糧になるようなインタビューの準備をすると同時に，グループメンバーやクラスメイトとの助け合いを通して，考え方の多様性に気づき，価値観や生き方の枠組みを広げていくことを期待するプログラムである。

実習のねらい
- ●先生は自分の自己形成をどうしてきたか，どうしていこうとしているかを知る
- ●他の人の生き方から学び，自分の生き方を考える

プログラムの流れ	
1　導入 ●今日の予定とねらいの説明 ●グループ分けとインタビューする先生の決定方法の検討 ●グループとインタビューする先生の決定 ●セッティング	45分
2　グループワーク ●資料等の配付 ●手順の説明 ●質問内容の検討	40分
3　ジャーナル記入	5分
グループのサイズ	
●1グループ3〜4人。 ●インタビューに応じてくれる先生候補の人数まで，グループ数が可能。	
教室のレイアウト	
●講座の開始時は，椅子のみを円形に並べた状態にして座る。 ●グループワークでは，グループごとに机で「島」をつくって座る。 ●各グループが相互に邪魔にならないように，グループ同士の間隔を適度に空ける。	

準備物一覧	
●名札（毎回回収）	各自に1つ
●ねらいと日程表	各自に1枚
●インタビュー教員名簿	各自に1枚
●（必要であれば）グループ分けのための小道具	1セット
●指示書	各自に1枚
●模造紙	各グループに1～2枚
●マジック	各グループに1セット
●付せん紙（大きめ・豊富な色使いで用意）	各自に10～20枚程度
●ジャーナル	各自に1枚
●名札回収箱	1箱
●ジャーナル回収箱	1箱
事前の準備	
●前もってインタビューに応じてくれる教員（または職員等）に，この授業の趣旨とインタビューの目的と意図を説明し，了解をとっておく。 ●学生が個別に連絡がとれるようにするための教員の連絡先（研究室，電話番号等）を入手し，学生に配付することの承諾を得ておく。	

●プログラムの進め方

1 導　入　（45分）

1) あいさつを行ったのち，今日の予定とねらいについて説明する。（5分）

> **Point**
> ●今日の予定だけでなく，その後の先生へのインタビューと，発表までの流れを含めた「先生の自己形成ストーリー」全4回（9回～12回）の流れを説明しておく。

2) インタビュー教員名簿を配付した後，グループ分けとインタビューする先生を決定する方法を学生全員の話し合いで決める。（35分）

　条件は，次の通り：

　☐1グループを3～4人とすること

　☐各グループは取材する1人以上の先生を決めること

　☐各グループは異なる先生を選ぶこと

> **Point**
> - ここで大切にしたいことは，学生一人ひとりが，「私はこの方法を最善だと思って選択した」と思える，グループ分けの話し合いができることである。
> - 最初，学生はどうしたらよいか戸惑う場合がある。それでも学生の方から発言や行動があるまで辛抱強く待つ。
> - 第5回目で学んだ「リーダーシップ」のことを，ここで思い返してもらう。
> - 沈黙が長く続く場合は，例として「今どんなことが起こっているか」といった介入がある。
> - 学生も，教員も，時間がないことを理由に安易な決定をすることは避ける。何がここで大事なのかを意識し，それを優先させる。
> - クラス全体で一つの取材チームと捉える。各グループが取材してきた情報を持ち寄り，クラス全体で多くの学びを得られるようにする。

3) クラスで合意した方法で，グループ分けとインタビューする先生を決定し，机・椅子等を移動させ，場所をセッティングする。(5分)

> **Point**
> - 一人の先生に複数のグループが行かないようにする。

2 グループワーク（40分）

1) 指示書を各自に1枚ずつ，マジック，付せん紙を各グループに1セットずつ，模造紙を各グループに1枚ずつ配付する。

教員は，配付した指示書の「1. インタビューの質問項目の準備」の手順を説明する。一通り説明した後，質問を受ける。(5分)

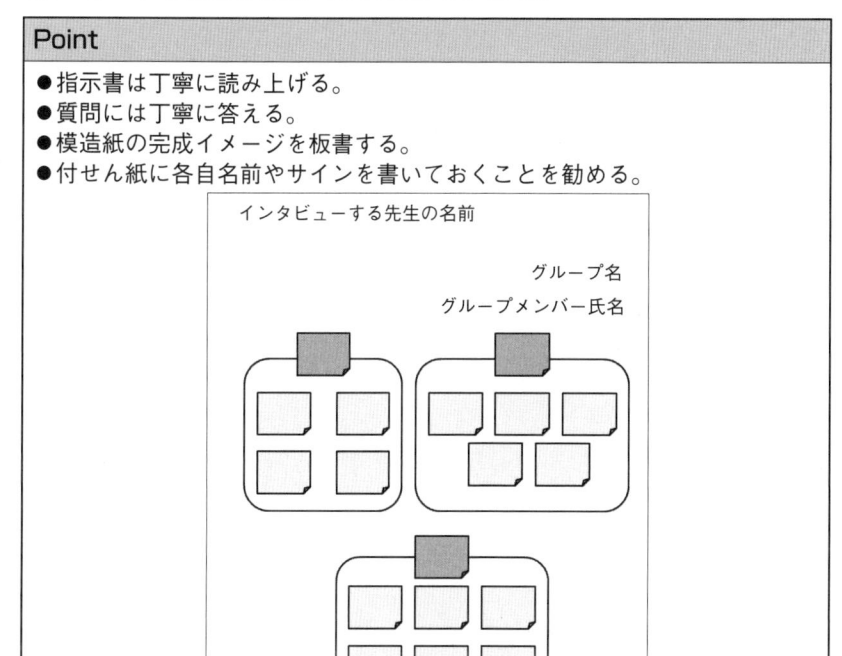

> **Point**
> - 指示書は丁寧に読み上げる。
> - 質問には丁寧に答える。
> - 模造紙の完成イメージを板書する。
> - 付せん紙に各自名前やサインを書いておくことを勧める。

2）教員は，グループワークの実習時間を伝え，終了時刻を板書したのち，実習の開始を告げる。（35分）

> **Point**
> ● たくさんの質問を出すことを目標にする。ここでは質より量を求める。
> ● 一見意味がないと思える質問も，実際にインタビューしてみるとそこから発展した内容が聞かれることもある。質問に答えるかどうか，先生にも選ぶ権利はある。そのようなことを体験するのもこの授業の一部である。

3）終了時間がきたらグループワークの終了を告げる。

　また，グループメンバー同士が連絡が取れるように，連絡先の交換をすることを伝える。

3　ジャーナル記入（5分）

9 先生の人生から学ぶ（1）：インタビュー準備

【配付資料】

「自己形成」 第9回目プログラム

先生の人生から学ぶ
インタビューの準備

【今日のねらい】
・先生は自分の自己形成をどうしてきたか、どうしていこうとしているかを知る
・他の人の生き方から学び、自分の生き方を考える

日程表　年　月　日

授業開始
　　ジャーナル、名札を受け取る

　　今日の予定とねらいについて
　　インタビューの準備
　　　－手順の説明
　　　－グループ分けとインタビューする先生の決定方法の検討
　　　－グループとインタビューする先生の決定

45分後
　　グループワーク
　　　－質問内容の検討

85分後
　　ジャーナル記入

授業終了

先生の人生から学ぶ
インタビューの準備

指示書

インタビューの質問項目の準備（35分）

先生がどのように自己形成してきたか、今、そしてこれからどうしようとしているかについて、インタビューをするための質問項目を考えてください。

・まず、個人作業で付せん紙に1枚につき1件ずつ、先生に聞いてみたい質問を書き出していってください（一人10枚程度）。
・個人の作業が終わった後、メンバーの一人が模造紙に付せん紙を一枚置き、グループの他のメンバーに説明してください。他のメンバーはその話を聞いて、そのことから新たに先生に聞きたくなったことがあったら、新しい付せん紙に書き足していってください。
・一人が模造紙に貼った1件の付せん紙の説明を終えた後、他のメンバーが順に同じように付せん紙を1枚模造紙に貼り、説明をしていってください。
・新たに書き足した付せん紙を含め、この手順をグループのメンバー全員の付せん紙の説明が終わるまで続けます。
・メンバー全員の説明が終わったら、同じカテゴリーと思われる付せん紙を一つのグループにし、それに名前（グループのタイトル）をつけてください。

<u>NOTE：模造紙は枚数に余裕がありますので、有効に使ってください。</u>

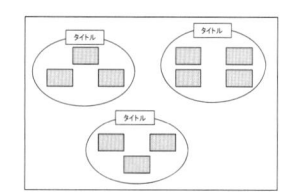

Journal

学科：＿＿＿＿　学籍番号：＿＿＿＿　氏　名：＿＿＿＿

今日の授業で、
1．自分自身について気づいたこと、感じたこと、学んだことを、できるだけ具体的に書いてください。

2．あなたがグループの他のメンバーについて気づいたこと、感じたこと、あなたが他のメンバーから影響や刺激を受けたこと、参考にしたいことなどをできるだけ具体的に書いてください。

3．その他、気づいたこと、感じたこと、思ったことなどを自由に書いてください。

10 先生の人生から学ぶ(2)：インタビュー項目の発表

- ●「自己形成」の第10回目の授業として行う。第9回目から第12回目まで全4回連続で，先生（または職員等）の人生から学びながら，生き方について考える。今回は，前回つくったグループごとで検討したインタビュー項目を発表する。
- ●他のグループの準備内容を見て最終的なインタビュー項目を決定し，企画書を完成させ，教員に提出する。また，インタビューをするためのアポイントメントの取り方等マナーについての講義を行う。

実習のねらい
- ●先生は自分の自己形成をどうしてきたか，どうしていこうとしているかを知る
- ●他の人の生き方から学び，自分の生き方を考える

プログラムの流れ	
1　導入 ●今日の予定とねらいの説明 ●発表のための最終確認および発表順を決める	10分
2　発表 ●発表 ●質問内容の再検討	60分
3　講義 ●講義「マナーの心得」 ●今後の進め方の確認	15分
4　ジャーナル記入	5分
グループのサイズ	
●1グループ3〜4人（「インタビューの準備」と同じグループ）。	
教室のレイアウト	
●グループごとに机で「島」をつくって座る。 ●各グループが相互に邪魔にならないように，グループ同士の間隔を適度に空ける。	

準備物一覧	
●名札（毎回回収）	各自に1つ
●ねらいと日程表	各自に1枚
●指示書	各自に1枚
●マグネット（またはテープ）	適宜
●タイマー	各クラスに1個
●インタビュー企画書	各自に1枚＋グループに1枚
●講義「マナーの心得」説明資料	各自に1枚
●ジャーナル	各自に1枚
●名札回収箱	1箱
●ジャーナル回収箱	1箱

●プログラムの進め方

1 導　入（10分）

1) あいさつを行ったのち，今日の予定とねらいについて説明する。

> **Point**
> ●発表順は学生の自主性に任せた決め方です。
> ●発表で質問項目を学び合うことによって，クラス全体に反映させ，よりよい取材と学びにつなげることを伝える。

2) 発表のための最終確認および発表順を決める。

2 発　表（60分）

1) 発　表（40分）

　　各グループが順番に前に出てきて，完成した模造紙をもとに，先生にどのような質問をしにいくかを発表する。発表を聞く側は，参考になる質問項目があればメモしておくことを勧める。1グループにつき5分程度とする（発表3分，質疑応答2分くらい）。

※発表するグループ数を考慮する。

> **Point**
> ●発表は，基本的に付せん紙に書いてあることを一枚一枚読み上げ，聞いている学生がメモを取りやすいようにする。
> ●教員から見て，あまりに失礼であったり，迷惑になりそうな質問があった場合は，学生にその質問の意図を確認したり，たずねられる先生がどういう気持ちになるか問うたりして，再考を促す。

2）質問内容の再検討（20分）

　他のグループの発表を参考に，質問内容をもう一度検討し直す。質問が決定したら，それをインタビュー企画書にまとめる。インタビュー企画書は，グループメンバー各自1枚と，同じ内容のものを1枚に書く。1枚は各自でインタビューに行く際に持っていくもの。もう1枚は授業中に提出する。

> **Point**
> - すべての質問に先生が答えてくれるわけではないことを伝えておく。
> - インタビューの時間は限られているので，インタビューする際の教員なりのポイントを伝える。たとえば，質問に優先順位をつけておくことや，インタビューする現場で柔軟に対応できる方法など。
> - 発表が延長し，企画書を書く時間が割けない場合には，写真で記録できるよう準備しておく。
> - インタビュー企画書は必ず，グループのメンバー一人ひとりが書くようにする（当日病気などで突然行けなくなる学生がありうるため）。

3　講　義（15分）

1）講義「マナーの心得」説明資料を配付し，先生へのアポイントメントの取り方と，インタビューの際の留意点について指導する。

> **Point**
> - 時間が押して十分に講義をする時間がとれない場合は，テキストに細かく指示が書いてあるので，各自読んでおくように伝える。
> - インタビューの際，先生方に失礼になりそうなポイントだけは強調して説明しておく。

2）インタビューは原則グループ全員で行う。そのために，グループの全メンバーの都合のいい日時の候補を上げ，その後に先生とアポイントメントを取るように伝える。10回目の授業に欠席した学生がいる場合には，当該学生に連絡を取り，全員で行くようにする。

4　ジャーナル記入（5分）

【配付資料】

「自己形成」　第10回目プログラム

先生の人生から学ぶ
インタビュー項目の発表

【今日のねらい】
・先生は自分の自己形成をどうしてきたか、どうしていこうとしているかを知る
・他の人の生き方から学び、自分の生き方を考える

日程表　　年　　月　　日

授業開始	ジャーナル、名札を受け取る
10分後	今日の予定とねらいについて 発表の最終準備および発表順を決定
85分後	発表 質問内容の再検討 講義「マナーの心得」 グループの今後の進め方
授業終了	ジャーナル記入

先生の人生から学ぶ
インタビュー項目の発表

指 示 書

1. **発表（40分）**
   ・1グループあたり3分程度で発表をしてください。
   その後、他のグループからの質疑応答の時間をもちます（2分程度）。

2. **質問内容の再検討とインビュー企画書の作成（20分）**
   ・他のグループの発表や質疑応答を聞いて、参考になるものや同じように聞いてみたいものがあったら、質問項目に採用し、また新たに聞いてみたいことなどを再検討してください。
   ・模造紙に貼った付せん紙の質問項目は、グループのメンバー一人ひとりが「インタビュー企画書」に記述し、先生にインタビューする時に持っていけるようにしてください。
   ・自分用とは別に、同じ内容のものを提出用として作成し、授業時間内に提出してください。

「先生の自己形成ストーリー」インタビュー企画書

【グループ名】

【グループメンバー】

【インタビューをする先生】

【インタビューの内容】カテゴリー名と具体的に投げかける質問項目をあげる

講 義
マナーの心得

マナーはよい人間関係を築くための技術です。
マナーが身についている人は、世代や価値観の違いをこえて豊かな人間関係を築くことができます。
先生方に失礼のないよう、今一度確認をしましょう！

【電話で、アポイントメントをとる場合】

電話をかける前に（事前準備）
☆ インタビューする先生の氏名、同行するメンバーの名前、用件をまとめておきましょう。
☆ 急のため、スケジュール帳、メモ帳、筆記用具を用意して、メモを取れる態勢を整えてから、電話をかけましょう。

電話をかける（実例）
① 大学の代表番号に電話をします。
> 「××大学○○学部の××太郎（一自分の名前）と申します。自己形成の授業での先生へのインタビューの件でお電話しました。○○学部○○学科の○○○○先生と連絡がとりたいのですが、研究室に電話をつないでいただけますでしょうか。よろしくお願いします。」

② 先生が出られたら、まず名乗り、何の用件で電話したのかを簡潔に伝えます。
※いらっしゃらない場合には改めて連絡をします。
> 「○○学部○○学科に所属している××太郎（自分の名前）と申します。」
> 「自己形成の授業での、先生へのインタビューの件でお電話しました。」

③ 訪問の日時を確認します。
> Ex1「次週○月○日○曜日○時からの自己形成の授業時間にお伺いしてもよろしいでしょうか。30分くらい（長くても1時間）のインタビューを考えております。」

④ 最後に、締めくくりの挨拶をします。
> 「当日は●名で伺う予定です。どうぞよろしくお願いします。」

【メールで、アポイントメントをとる場合】

メールを送る前に（注意事項、事前準備）
☆ この方法は、メールアドレスを公開している先生のみ有効です。

メールを送る（文例）
① ホームページで先生のメールアドレスを確認した上で、メールソフトの宛先、件名を入力します。
> 宛先　※アドレスの間違いのないように、送信前に確認します。
> 件名　先生の自己形成ストーリーインタビューの件【○○学部○○学科　××花子より】

10 先生の人生から学ぶ（2）：インタビュー項目の発表

【配付資料】

② 以下の文例を参考にして、メールの本文を作成し、送信します。

○○学部○○学科　○○○○先生
はじめまして。
キャリア教育科目「自己形成」を受講している○○学部○○学科のｘｘ花子です。
「先生の自己形成ストーリーをインタビューしよう」という授業にご協力いただき、ありがとうございます。○○先生のインタビューをさせていただきたいと思い、ご連絡しました。

インタビューは私を含めて3名（全員の所属と氏名を伝えるとよい）で伺いたいと思っています。次週○月○日○曜日の自己形成の時間内にお伺いしてもよろしいでしょうか。

インタビューは30分くらい（長くても1時間）を予定しています。
お忙しいところすみませんが、ご連絡をお待ちしています。
よろしくお願いします。
○○学部○○学科　中部花子（←フルネームで！）
メールアドレス　○○○@△△△△.jp（←ｘｘ大学のアドレスがよい）

※この後、先生からの返信が来ていないか、こまめにメールチェックをしましょう。

③ 先生からの返信が届いたら、かならず確認のメールを返します（以下の文例を参考に）。

件名　自己形成インタビュー日程の確認【○○学部○○学科　ｘｘ花子より】

○○学部○○学科　○○○○先生
お忙しい中、ご連絡ありがとうございます。
○月○日○曜日○時にお伺いします。
どうぞよろしくお願いします
○○学部○○学科　ｘｘ花子
メールアドレス　○○○@△△△△.jp

インタビューの際の留意点

インタビューに行く前に（注意事項、事前準備）
☆ 約束時間に、できるだけ定刻にノックをしましょう。
（早すぎる訪問も失礼になることがあります。）
☆ 必ず、筆記用具と質問リストを持参しましょう。

インタビューをする（実例）
① 初めに挨拶をします。

「この度はお忙しい中、インタビューを引き受けてくださり、ありがとうございます。」
「自己紹介をさせていただきます。」　※全員が学部と名前を名乗ります。
「よろしくお願いします。」

② インタビューに入る前に、以下のことを"必ず"伝えて了解を得ておきます。

「これからいくつかお話をおうかがいします。このインタビューの内容は●●月●●日（●曜日）の自己形成の授業で発表します。もし、発表しない方がよいことや、答えにくい質問などがありましたら、教えてください。」

③ インタビューをします。
☆基本的には、用意してきた質問リストについてお聞きします。
☆質問リストにはないことであっても、率直な感想や湧いてきた疑問などを、時間の許す限り積極的に質問してみるとよいでしょう。

④ 最後に、お礼を言います。
☆インタビューに時間を割いていただいた先生に、一人ひとり感想とお礼を伝えましょう。
☆発表の日時を伝え、誘ってみましょう。

「もしお時間があったら、発表を見に来てください！今日のインタビューの発表は、●●月●●日（●曜日）●●時●●分頃からを予定しています。もしご都合がよろしければ、発表を見に来てください。」

Journal

学科：＿＿＿＿　学籍番号：＿＿＿＿　氏　名：＿＿＿＿

今日の授業で、
1．自分自身について気づいたこと、感じたこと、学んだことを、できるだけ具体的に書いてください。

2．あなたがグループの他のメンバーについて気づいたこと、感じたこと、あなたが他のメンバーから影響や刺激を受けたこと、参考にしたいことなどをできるだけ具体的に書いてください。

3．その他、気づいたこと、感じたこと、思ったことなどを自由に書いてください。

11　先生の人生から学ぶ(3)：実施インタビューの整理

- ●「自己形成」の第11回目の授業として行う。第9回目から第12回目まで全4回連続で，先生（または職員等）の人生から学びながら，生き方について考える。
- ●学生は前回，グループごとで先生にインタビューをしてきている。そのインタビューメモを発表資料としてまとめると同時に，インタビューをして学んだこと，気づいたことなどをグループで整理し，第12回目の授業での発表に備える。
- ●人生の先輩はどのような自己形成をしてきたのか，また今後どうしていこうとしているのかを知り，それを自分の今後の自己形成の糧とするためのプログラムである。

実習のねらい
- ●先生は自分の自己形成をどうしてきたか，どうしていこうとしているかを知る
- ●他の人の生き方から学び，自分の生き方を考える

プログラムの流れ	
1　導入 ●今日の予定とねらいの説明 ●セッティング	10分
2　グループワーク ●指示書の配付 ●手順の説明 ●道具類の配付 ●発表の準備作業	75分
3　ジャーナル記入	5分
グループのサイズ	
●1グループ3～4人（[インタビューの準備]と同じグループ）。	
教室のレイアウト	
●インタビューグループごとに机で「島」をつくって座る。 ●各グループが相互に邪魔にならないように，グループ同士の間隔を適度に空ける。	
準備物一覧	
●名札（毎回回収）	各自に1つ
●ねらいと日程表	各自に1枚
●指示書	各自に1枚

●模造紙	各グループに 2～3枚
●マジック	各グループに 1セット
●付せん紙	各自に10～20枚程度
●ジャーナル	各自に1枚
●名札回収箱	1箱
●ジャーナル回収箱	1箱

● プログラムの進め方 ● ● ● ● ● ●

1 導　入（10分）

1）あいさつを行ったのち，今日の予定とねらいについて説明する。（5分）
2）前回のグループに分かれて，机・椅子等を移動させ，グループ作業ができる状態にセッティングする。（5分）

> **Point**
> ● 9回目，10回目の授業に出てこなかった学生やインタビューできなかったグループの対応策を講じておく。例えば，別室で担当教員等に30分間程インタビューさせ，残り40分間でまとめさせる，など。

2 グループワーク（75分）

1）指示書を各自に1枚ずつ，マジック，付せん紙を各グループに1セットずつ，模造紙を各グループに2枚ずつ配付する。

　教員は，配付した指示書の内容を説明する。一通り説明した後，質問を受ける。（10分）

> **Point**
> ● 指示書は丁寧に読み上げる。
> ● 質問には丁寧に答える。
> ● 取材したことが伝わりやすいようなレイアウトを心がけるよう伝える。
> ● 模造紙に表現すべきことと話す内容のバランスを考えさせる。
> ● 模造紙の完成イメージを板書する。

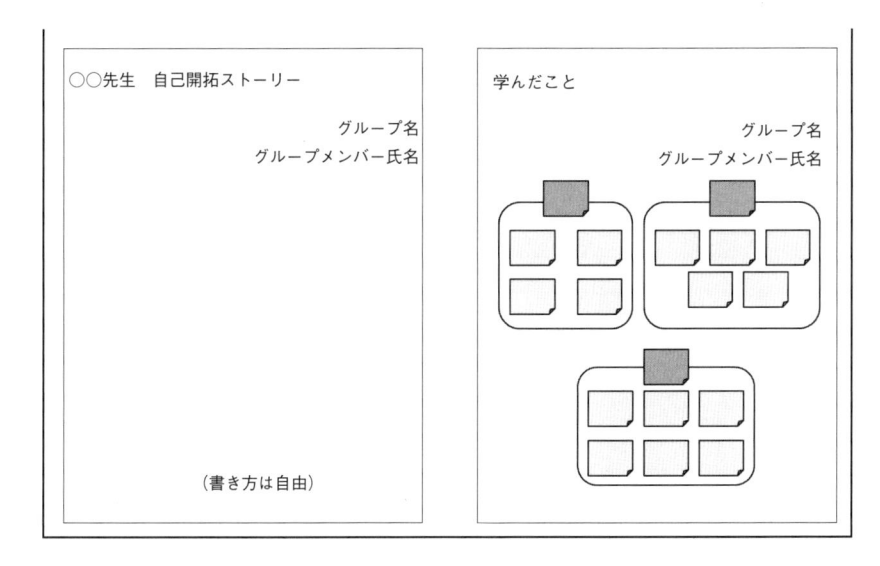

2) 教員は，グループワークの実習時間を伝え，終了時刻を板書したのち，実習の開始を告げる。(65分)

> **Point**
> ● 必要に応じて，模造紙や付せん紙の使い方をアドバイスする。
> ● 10回目で初めて体験した発表の反省点を踏まえて，準備の仕方を考えるよう伝える。
> ● 作業が遅れているグループがある場合，時間配分に留意することを伝える。

3) 終了時間がきたらグループワークの終了を告げる。

4 ジャーナル記入 (5分)

【配付資料】

「自己形成」 第11回目プログラム

先生の人生から学ぶ
実施インタビューの整理

【今日のねらい】
・先生は自分の自己形成をどうしてきたか、どうしていこうとしているかを知る
・他の人の生き方から学び、自分の生き方を考える

日程表　　年　　月　　日

授業開始 ──────────────────────
　　　　　ジャーナル、名札を受け取る

10分後 ──────────────────────
　　　　　今日の予定とねらいについて

　　　　　発表の準備

85分後 ──────────────────────
　　　　　ジャーナル記入
授業終了 ──────────────────────

先生の人生から学ぶ
実施インタビューの整理

指 示 書

1. 発表の準備（70分）

① 先生へインタビューしたことをもとに、先生がこれまでどのように自己形成をしてきたか、今、そしてこれからをどのように考えているかについて、模造紙に発表できるようにまとめてください。
　・構成やフォームは問いません。グループで話し合って決めてください。

② ①を終えた後、別の模造紙に先生にインタビューをしたことから学んだこと、感じたこと、気づいたことをまとめてください。
　・まず、個人作業で付せん紙に1枚につき1件ずつ、思いつくままに書いてください。（一人5〜6枚程度）
　・個人の作業が終わった後、メンバーの一人が模造紙に付せん紙を一枚置き、グループの他のメンバーに説明してください。他のメンバーはその話を聞いて、そのことから学んだこと、気づいたこと、感じたことがあったら、新たに付せん紙に書き足してください。
　・一人が模造紙に貼った1件の付せん紙の説明を終えた後、他のメンバーが順に同じように付せん紙を1枚模造紙に貼り、説明をしていってください。
　・この手順をグループのメンバー全員の付せん紙の説明が終わるまで続けます。
　・メンバー全員の説明が終わったら、同じカテゴリーと思われる付せん紙を一つのグループにし、それに名前をつけてください。
　・模造紙には、インタビューした先生の名前、今日の日付、メンバー全員の名前を書いてください。

NOTE：模造紙は枚数に余裕がありますので、有効に使ってください。

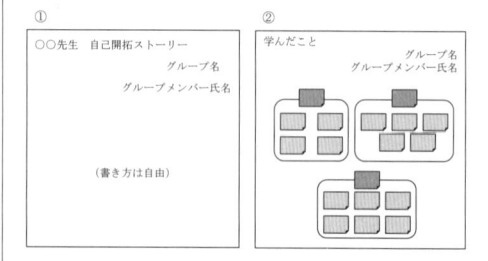

Journal

学科：　　　　　学籍番号：　　　　　氏　名：

今日の授業で、

1. 自分自身について気づいたこと、感じたこと、学んだことを、できるだけ具体的に書いてください。

2. あなたがグループの他のメンバーについて気づいたこと、感じたこと、あなたが他のメンバーから影響や刺激を受けたこと、参考にしたいことなどをできるだけ具体的に書いてください。

3. その他、気づいたこと、感じたこと、思ったことなどを自由に書いてください。

12 先生の人生から学ぶ(4)：
インタビューとその学びの発表

- ●「自己形成」の第12回目の授業として行う。第9回目から第12回目まで全4回連続で，先生（または職員等）の人生から学びながら，生き方について考える。
- ●学生は前回，グループごとに発表資料をまとめている。今回は全グループで発表を行い，情報をわかちあう。グループで共有したことを，教室全体で共有する。
- ●人生の先輩はどのような自己形成をしてきたのか，また今後どうしていこうとしているのかを知り，それを自分の今後の自己形成の糧とするためのプログラムである。

実習のねらい
- ●先生は自分の自己形成をどうしてきたか，どうしていこうとしているかを知る
- ●他の人の生き方から学び，自分の生き方を考える

プログラムの流れ	
1　導入 ●今日の予定とねらいの説明 ●発表のための最終確認および発表順を決める	10分
2　発表 ●発表 ●質疑応答	50分
3　ふりかえり・わかちあい ●個人記入 ●グループ内でわかちあい	25分
4　ジャーナル記入	5分
グループのサイズ	
●1グループ3～4人（[インタビューの準備]と同じグループ）。	
教室のレイアウト	
●インタビューグループごとに机で「島」をつくって座る。 ●各グループが相互に邪魔にならないように，グループ同士の間隔を適度に空ける。	

準備物一覧	
●名札（毎回回収）	各自に1つ
●ねらいと日程表	各自に1枚
●タイマー	各クラスに1個
●マグネット（またはテープ）	適宜
●ふりかえり用紙	各自に1枚
●ジャーナル	各自に1枚
●名札回収箱	1箱
●ジャーナル回収箱	1箱

●プログラムの進め方

1 導入（10分）

1) あいさつを行ったのち，今日の予定とねらいについて説明する。
2) 発表のための最終確認および発表順を決める

> **Point**
> ●発表順は学生の自主性に任せた決め方にする。

2 発表（50分）

1) 各グループが順番に前に出てきて，完成した模造紙をもとに先生の自己形成ストーリーと，インタビューして学んだことなどを発表する。発表時間は，1グループにつき3分程度とする。発表後，他の学生からの質問を受け付け，発表者が応答する。

> **Point**
> ●原則，模造紙に書いたことはすべて読み上げるように伝える（他の聞いている学生が理解したり，メモできるようにする）。
> ●発表の内容などで教員が気づいた点を伝える場合，評価的になったり，否定したりしない。

3 ふりかえり・わかちあい（25分）

1) 個人記入（10分）
　ふりかえり用紙に各自記入する。

2) グループ内でのわかちあい（15分）

全員がふりかえり用紙に記入し終わったら，グループごとにふりかえり用紙に記入したことを一人ひとり項目ごとに発表し，話し合いをする。その際，わかちあいについての簡単な説明も行う。

4　ジャーナル記入（5分）

【配付資料】

「自己形成」 第12回目プログラム
先生の人生から学ぶ
インタビューおよびその学びの発表

【今日のねらい】
・先生は自分の自己形成をどうしてきたか、どうしていこうとしているかを知る
・他の人の生き方から学び、自分の生き方を考える

日程表　　年　　月　　日

開始時間　　ジャーナル、名札を受け取る
　　　　　　今日の予定とねらいについて
10分後
　　　　　　発　表
60分後
　　　　　　ふりかえり（個人作業）
　　　　　　わかちあい（グループで話し合い）
85分後
　　　　　　ジャーナル記入
授業終了

ふりかえり用紙

1．「先生の自己形成ストーリー」を通して気づいたこと、学んだこと、感じたことを書いてください。
　(1) 先生にインタビューをして

　(2) 先生の自己形成ストーリーを聞いて

　(3) グループで発表の準備をしているときに他のメンバーと話し合いをして

　(4) 他のグループの発表を聞いて

2．「先生の自己形成ストーリー」を通してあなたが自分の生き方、考え方、ものの見方やとらえ方に参考にしたいこと、生かしたいと思ったことを書いてください。

3．その他、気づいたこと、感じたことなど、自由に書いてください。

Journal

学科：　　　　　　学籍番号：　　　　　　氏　名：

今日の授業で、
1．自分自身について気づいたこと、感じたこと、学んだことを、できるだけ具体的に書いてください。

2．あなたがグループの他のメンバーについて気づいたこと、感じたこと、あなたが他のメンバーから影響や刺激を受けたこと、参考にしたいことなどをできるだけ具体的に書いてください。

3．その他、気づいたこと、感じたこと、思ったことなどを自由に書いてください。

13　これまでの授業をふりかえろう

> ● 「自己形成」の第13回目の授業として行う。これまでの授業を各回のふりかえりやジャーナルをもとに整理し，授業からどのような学びや気づき，変化があったか，明確にする。

実習のねらい
● これまでの授業12回をふりかえり，学んだこと，気づいたことを明確にする

プログラムの流れ	
1　導入 ● 今日の予定とねらいの説明	5分
2　実習「今までの授業をふりかえる」 ● 資料等の配付 ● 手順の説明 ● 実習の実施（個人作業） ● グループ分け，自己紹介 ● グループ内での発表	75分
3　ジャーナル記入	10分

グループのサイズ
● 1グループ3人を基本とする。 ● 端数が出たときは，4人グループをつくる。

教室のレイアウト
● グループごとに「島」をつくって座る。 ● 各グループが相互に邪魔にならないように，グループ同士の間隔を適度に空ける。

準備物一覧	
● 名札（毎回回収）	各自に1つ
● ねらいと日程表	各自に1枚
●（必要であれば）グループ分けのための小道具	1セット
● 指示書	各自に1枚
● ワークシート	各自に1枚
● ジャーナル	各自に1枚
● 名札回収箱	1箱
● ジャーナル回収箱	1箱

●プログラムの進め方

1　導　入　(5分)

1) あいさつを行ったのち，今日の予定とねらいについて説明する。(5分)

> **Point**
> ● 今日のねらいは，必ず授業の最初に説明する。
> ● 今までの授業で起こったことや，ジャーナルに書かれていたことなどを取り上げて，今回のねらいに結びつけると学生には受け入れやすくなる。
> ● ここで，体験学習の循環過程について再確認し，今までの授業のふりかえりをすることは，大きな視点での体験学習の循環過程であることを，わかりやすく解説する。

2　実習「今までの授業をふりかえる」(75分)

1) 資料等の配付，手順の説明（15分）

　指示書とワークシートを各自に配付する。各自に行き渡ったら，指示書を読み上げて，ワークシートの記入方法を説明する。今までの授業をふりかえるために，第1回目から12回目までに取り組んできた事を解説し，今までのことを思い浮かべるよう促す。

> **Point**
> ● 第1回目から第12回目までの各授業のねらいと内容（講義や取り組んだ実習など）を説明し，学生がどのような体験をしてきたか，ふりかえられるようにする。
> ● 今回の第13回目の授業の趣旨と意図を，これまでの流れを通して説明する。

2) 教員は，実習時間を伝え，終了時刻を板書したのち，実習の開始を告げる。(40分)

> **Point**
> ● 学生が，自分の世界に入り込めるような雰囲気を作る。
> ● 今までのふりかえりやジャーナルが，今回のふりかえりに活用できることを伝える。
> ● 記入に困っている学生がいたら，話を聴くなどして，記入できることを探す（発見することを手伝う）。

3）教員は，終了時間がきたら実習の終了を告げ，グループ分けをする。(5分)

1グループ3人（端数が出る場合は，4人）に分かれて，机・椅子等を移動させ，場所をセッティングする。グループ分けが終わったら，自己紹介の時間を取る。

> **Point**
> ● グループ分けは，授業を積み重ねているので，学生に任せる。
> ● 直ぐに動かない場合は，まずは立ち上がることを勧めることで動きやすくなるので，状況をみてアナウンスをする。
> ● 自己紹介は学生に任せる。名前，学科について，最低限の紹介はするように，簡単に促す。

4）グループごとに，ワークシートをもとに発表する。(15分)

> **Point**
> ● 話せる範囲内で，他のメンバーに発表することを伝える。
> ● 話せる範囲を広げる試みを勧める。

3　ジャーナル記入（10分）

【配付資料】

「自己形成」 第13回目プログラム

これまでの授業をふりかえろう

【今日のねらい】
・これまでの授業12回をふりかえり、学んだこと、気づいたことを明確にする

日程表　　年　月　日

授業開始	ジャーナル、名札を受け取る
	今日の予定とねらいについて
5分後	
	実習「今までの授業をふりかえる」 手順の説明 個人作業（45分） グループ分け、自己紹介 グループ内で発表
75分後	
	ジャーナル記入
授業終了	

指 示 書

4回目の授業で「体験学習の循環過程」を学びました。今回は、「自己形成」の授業全体をふりかえります。
全12回の授業1回1回をもう一度丁寧にふりかえります。そのふりかえりをもとに、「体験学習の循環過程」における「考える」、そして「次はどうする？」というステップにします。残りの14回目、15回目の授業でこれから取り組む自己を形成するためのプランづくりにつなげていきます。

[手順]
1. 個人作業（40分）
   ① ワークシートの初めの欄に、この授業に参加した理由や動機について、記入します。その時の正直な気持ちを思い出してみましょう。
   ② 毎回の授業をふりかえってください。取り組んだ実習や講義などを思い起こしたり、ふりかえり用紙やジャーナルを見返したりしてみましょう。その時に体験したこと、気づいたこと、考えたこと、感じたこと、試みたこと、学んだことなどについて書いてください。
   ③ 最後の欄に、12回の授業を終えて、学んだこと、気づいたことなどを書いてください。たとえば、授業を受ける前と今とを比較して、変わったこと、変わらなかったことについて考えてみましょう。また、行動・感じ方・考え方・ものごとの見方、人とのつきあい方やかかわり方、自分自身のとらえ方などの視点が参考になるかもしれません。
   ※常に変わることがいいとは限りません。変わらないことがとても意味があることもあります。

2. グループ分け（5分）
   個人作業終了後、3人のグループをつくります。

1. グループ内での発表（15分）
   ワークシートを基にして、一人ひとりグループ内で紹介します。一人の発表時間は5分間程度です。ただし、言いたくないことは、発表する必要はありません。言える範囲で紹介してください。グループの他の人は、紹介している人の話をじっくり聴いてあげてください。

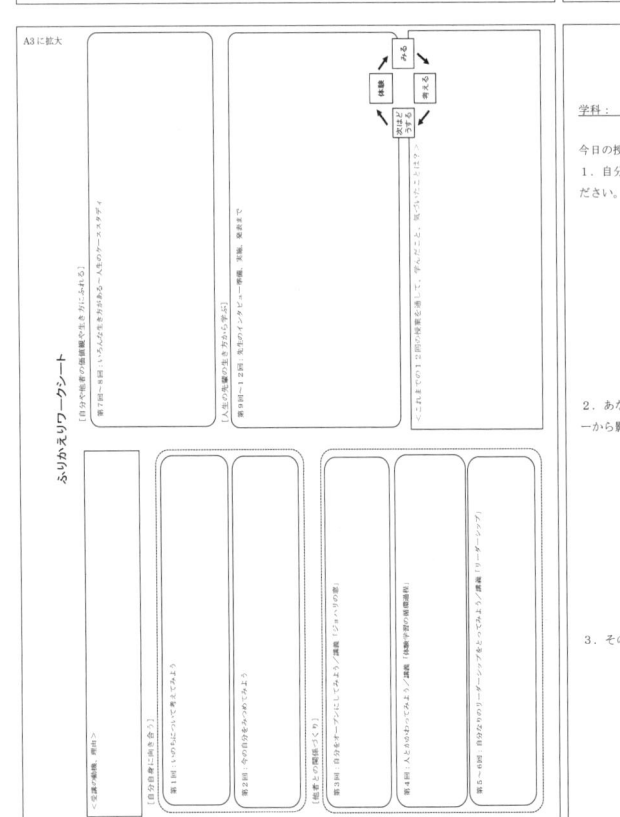

A3に拡大

ふりかえりワークシート

Journal

学科：　　　　　　学籍番号：　　　　　　氏　名：

今日の授業で、
1. 自分自身について気づいたこと、感じたこと、学んだことを、できるだけ具体的に書いてください。

2. あなたがグループの他のメンバーについて気づいたこと、感じたこと、あなたが他のメンバーから影響や刺激を受けたこと、参考にしたいことなどをできるだけ具体的に書いてください。

3. その他、気づいたこと、感じたこと、思ったことなどを自由に書いてください。

14 自分が大切にしたいことを考えてみよう

- ●「自己形成」の第14回目の授業として行う。前回の授業でこれまでの授業をふりかえったことなどをもとに，自分自身のことを見つめ，考える時間とする。
- ●実習は，「私が大切にしたいこと」を実施する。自分が大切にしたい言葉をキーワード集から選んで，時間軸と重要度軸で配置していく。
- ●これまでの授業をふりかえったりして思ったこと，気づいたことから自分が大切にしたいことを言葉にし，自分の価値観－自分軸－について考える。

実習のねらい
- ●私が大切にしたいこと（自分の核とすること，自分軸，……）を考える

プログラムの流れ	
1　導入 ●今日の予定とねらいの説明	5分
2　実習「私が大切にしたいこと」 ●資料等の配付 ●手順の説明 ●実習の実施 ●グループ内での発表	55分
3　ふりかえり・わかちあい ●個人記入 ●グループ内でわかちあい ●全体でわかちあい	25分
4　ジャーナル記入	5分
グループのサイズ	
●1グループ4人程度。	
教室のレイアウト	
●個人作業後，グループごとに机で「島」をつくる。 ●各グループが相互に邪魔にならないように，グループ同士の間隔を適度に空ける。	
準備物一覧	
●名札（毎回回収）	各自に1つ
●ねらいと日程表	各自に1枚
●（必要であれば）グループ分けのための小道具	1セット

●指示書	各自に1枚
●「自分が大切にしたいこと」キーワード集	各自に1枚
●「私が大切にしたいこと」シート	各自に1枚
●「私が大切にしたい理由」シート	各自に1枚
●マジック	適宜数セット
●クレヨン	各自に1セット
●付せん紙	各自に20～30枚程度
●色紙（いろがみ）（小）	各自に1セット
●のり	各自に1本
●はさみ	各自に1丁
●ふりかえり用紙	各自に1枚
●ジャーナル	各自に1枚
●名札回収箱	1箱
●ジャーナル回収箱	1箱

●プログラムの進め方

1　導　入　(5分)

1) あいさつを行ったのち，今日の予定とねらいについて説明する。(5分)

2　実習「私が大切にしたいこと」(55分)

1) 指示書，「私が大切にしたいこと」キーワード集，「私が大切にしたいこと」シート，「私が大切にしたい理由」シートを各自に1枚ずつ配付し，指示書の内容を説明する。一通り説明した後，質問を受ける。クレヨン，付せん紙など道具類はどのようなものがあるかを説明する。道具類は，教室の1か所に集めて置いておき，各自が必要なものをもっていけるようにする。(5分)

> Point
> ●指示書は丁寧に読み上げる。
> ●質問には丁寧に答える。
> ●前回の授業で取り組んだ「今までの授業をふりかえる」が参考になることを説明する。

2) 実習時間を伝え，終了時刻を板書したのち，実習の開始を告げる。(35分)

> **Point**
> - 必要であれば,付せん紙やその他道具類の活かし方をアドバイスする。
> - 学生がどのように進めたらいいか考えあぐねていたりする場合には,教員があらかじめ作成した自分の「私が大切にしたいこと」シートを紹介することもできる。
> - 教室の全体の状況を見て,また全体の時間配分を考慮して,できていない学生が多いようであったら,実習時間の延長を検討する。
> - 時間を延長する際は,全グループに聞こえるように発声し,板書しなおす。

3) 終了時刻がきたら実習の終了を告げ,4人程度のグループをつくる。グループごとに,「私が大切にしたいこと」について,シートをもとに発表しあう。(15分)

> **Point**
> - グループづくりは,学生に自発的にグループをつくるよう促してもよい。
> - 作成した「私が大切にしたいこと」シートについて,話せる範囲で自分のことを表現することを伝える(同時に自己開示を思い切ってすることも勧める)。
> - 全体でのわかちあいの時などに,実習中に観察していたことが大事なデータとなることがある。グループやメンバーの動きをよく観察しておく。

3 ふりかえり・わかちあい(25分)

1) 個人記入(10分)

ふりかえり用紙に各自記入する。

2) グループ内でのわかちあい(10分)

全員がふりかえり用紙に記入し終わったら,グループごとにふりかえり用紙に記入したことを一人ひとり項目ごとに発表し,話し合いをする。その際,わかちあいについての簡単な説明も行う。

3) 全体でのわかちあい・コメント(5分)

それぞれのグループからわかちあいで話し合われたこと,特にこの実習を通して気づいたこと,学んだことについて全体に発表してもらったり,この実習の過程で起こったりしたこと,わかちあいで発表されたことなどで教員が気づいたことなどを今日のねらいと関連させながらコメントする。

> **Point**
> - 今回の実習の「私が大切にしたいこと」シートは,次の授業でも使うので,忘れずに持ってくるように伝える。

4 ジャーナル記入(5分)

【配付資料】

「自己形成」 第14回目プログラム

自分が大切にしたいことを考えてみよう

【今日のねらい】
・私が大切にしたいこと（自分の核とすること、自分軸、…）を考える

日程表　年　月　日

授業開始	ジャーナル、名札を受け取る
5分後	今日の予定とねらいについて
	実習「私が大切にしたいこと」 ・個人作業 ・グループでの発表
60分後	ふりかえり わかちあい 全体でわかちあい、コメント
85分後	ジャーナル記入
授業終了	

実習「自分が大切にしたいことを考えてみよう」

指示書

1. 「私が大切にしたいこと」キーワード集と付せん紙を手元に置きます。
2. 「私が大切にしたいこと」キーワード集を見てください。キーワード集を参考にして、あなたが大切にしたいと思う言葉、自分の核とする言葉、自分の軸としたいと思う言葉をいくつでも構いませんので選び、それらを付せん紙に書いてください。キーワード集にない言葉が浮かんだ場合も、それを付せん紙に書き出してください。
3. 付せん紙に書き終えたら、「私が大切にしたいこと」シートを使います。「私が大切にしたいこと」シートには、横軸に時間軸、縦軸に重要度軸が書かれています。2．で書いた付せん紙を、シートのあなたが感じるままの場所に貼っていってください。
4. 「私が大切にしたいこと」シートに貼り終えた後、なぜその言葉を選んだのか、なぜその場所に貼ったのか、それぞれのことばのつながりや関係などを「私が大切にしたい理由」シートに書いてください。

【「私が大切にしたいこと」キーワード集】

楽しい	配慮のある	笑い	芸術的	向上心
まっすぐ	道徳的	仲の良い	柔軟性	誠実
優れた	個性的	正しい	善良	根性
効率的	純粋	哲学	出世	いとおしい
思慮深い	満ち足りた	損得	思いやり	美しい
快適	寛容	真実	幸せ	競争心のある
情熱	献身的	面白い	助け合い	あるがまま
希望	野心的	責任感	良心的	輝いている
かっこいい	本物	わがまま	勇気	やさしさ
相思相愛	文化	歴史	信じること	創造性
可能性	直観	夢	親の意見	正直
安定	権力	出逢い	社会への適応	学ぶ
充実感	人に認められる	自分の関心	スキル	正義
真理	本質	運命	探究心	金
友情・友人	名誉	仕事	快楽	自己実現
愛	健康	奉仕	衣食住	生きがい
家族	家庭的	志	安心	楽観的
感動	使命	信念	人間関係	自然
挑戦・チャレンジ	成長	持久力	やりがい	パートナー
今	美学	心	本能	自由
平和	平等	時間	調和	協調性
変化	専門性	多様性	育てる・育つ	感謝
独創性	ロマン	バランス	貢献	

A3サイズに拡大して使用してください

「私が大切にしたいこと」シート

（縦軸：重要度　横軸：時間軸　将来）

【配付資料】

「私が大切にしたい理由」シート

キーワード あなたにとってのその言葉の意味、それを選んだ理由、なぜその場所にあるのか、それぞれの言葉のつながりや関係などを書いてください。

ふりかえり用紙

1. 自分が選んだカードを眺めて、あなたが気づいたこと、感じたこと、思ったことはどのようなことですか。

2. グループの他の人の話を聞いて、あなたが気づいたこと、感じたこと、思ったことはどのようなことですか。

3. その他、気づいたこと、感じたことなどを自由に書いてください。

Journal

学科：＿＿＿＿＿　学籍番号：＿＿＿＿＿　氏　名：＿＿＿＿＿＿＿

今日の授業で、
1. 自分自身について気づいたこと、感じたこと、学んだことを、できるだけ具体的に書いてください。

2. あなたがグループの他のメンバーについて気づいたこと、感じたこと、あなたが他のメンバーから影響や刺激を受けたこと、参考にしたいことなどをできるだけ具体的に書いてください。

3. その他、気づいたこと、感じたこと、思ったことなどを自由に書いてください。

15 自分で創るこれからの大学生活を考えてみよう

- ◉「自己形成」の最終回，第15回目の授業として行う。前回の内容を踏まえ，これから大学生活を送る上での行動プランをつくる。
- ◉実習は，「僕らはみんな生きていく。どうやって？」を実施する。前回取り組んだ「私が大切にしたいこと」をベースに，今回「こうなりたい私」をイメージし，文章化した後に，現実のものにするための具体的な行動プランをつくる。その後，これまでともに授業を受けてきた仲間たちと共有し，アドバイス，メッセージ，エールを交換し合う。
- ◉自分の大切にしたい価値観と表現したイメージをもとに，将来へ向けての具体的な行動やチャレンジすることを明らかにし，体験学習の循環過程を回すステップとする。

実習のねらい
  ◉自分の想いを実現・達成するプロセスをつくる

プログラムの流れ	
1　導入 ●今日の予定とねらいの説明	5分
2　実習「僕らはみんな生きていく。どうやって？」 ●グループ分け，セッティング ●資料等の配付 ●手順の説明 ●実習の実施 ●グループ内での紹介とアドバイス	50分
3　ふりかえり・わかちあい ●個人記入 ●グループ内でわかちあい ●全体でわかちあい	20分
4　全授業を通してのコメント	10分
5　課題リポートの説明等	5分
グループのサイズ	
●1グループ4人程度。	
教室のレイアウト	
●個人作業後，グループごとに机で「島」をつくる。 ●各グループが相互に邪魔にならないように，グループ同士の間隔を適度に空ける。	

準備物一覧	
●名札（毎回回収）	各自に1つ
●ねらいと日程表	各自に1枚
●（必要であれば）グループ分けのための小道具	1クラスに1セット
●指示書	各自に1枚
●ワークシート	各自に1枚
●マジック	適宜数セット
●クレヨン	各自に1セット
●タックシール（49×74mm程度のもの）	各自に3枚＋α
●ふりかえり用紙	各自に1枚
●課題リポート（説明資料）	各自に1枚
●名札回収箱	1クラスに1箱

●プログラムの進め方

1 導　入（5分）

1）あいさつを行ったのち，今日の予定とねらいについて説明する。（5分）

2 実習「僕らはみんな生きていく。どうやって？」（50分）

1）指示書，ワークシート「僕らはみんな生きていく。どうやって？」を各自に1枚ずつ配付する。また，前回作成した「私が大切にしたいこと」を取り出すよう伝える。配付した指示書の内容を説明する。一通り説明した後，質問を受ける。マジック，クレヨンなどの道具類は，教室の1箇所にまとめて置いておき，必要な人が取りにきて使えるようにする。（5分）

Point
●指示書は丁寧に読み上げること。 ●質問には丁寧に答えること。

2）教員は，実習時間を伝え，終了時刻を黒板に板書したのち，実習の開始を告げる。（30分）

> **Point**
> - 「□年後のこうなりたい私のイメージ」は，クレヨンなどを使い，自分に条件や制約を設けず，自由に図・線・形・絵などで表現するように促す。
> - 「□年後のこうなりたい私のイメージ」の右に，イメージから湧く「こうなりたい私」を文章にする。イメージと同様，自分に条件や制約を設けず，イメージから伝わる「なりたい私」を書くように伝える。
> - 「具体的な行動プラン」は，学生が「自分ができるか，できないか」を基準に記入するのではなく，「こうなりたい」ために「なにをするか（したらいいか）」，「なにが必要か」を書くように勧める。また，抽象的にならず，できるだけ具体的に行動できるものであるように伝える。
> - 必要に応じて，学生と個別に対話し，その人の考えを引き出すのを手伝うのもよい。
> - 有効であると判断した場合，教員があらかじめ自分のシートを作成しておいて，例として示すことも考慮する。
> - 教室の全体の状況を見て，また全体の時間配分を考慮して，できていない学生が多いようであったら，実習時間の延長を検討する。
> - 時間を延長する際は，全グループに聞こえるように発声し，板書しなおす。

3）終了時刻がきたら終了を告げる。

　1グループ4人程度になるように分かれて，机・椅子等を移動させ，場所をセッティングする。

> **Point**
> - グループ分けは，学生の主体性に任せる。今まであまり話していない人と組むこと，自分が話してみたい人と組むことなどを勧める。

4）グループごとに，ワークシートの内容を順に紹介し合う。

　話を聞いていた学生は，聞き終わった後，アドバイス，エール，メッセージをタックシールに書く。

　書き終わったら，それぞれの相手にタックシールを手渡す。受け取った学生は，「友達からのアドバイス，エール，メッセージ」欄に貼る。（15分）

> **Point**
> - アドバイス，エール，メッセージは，批判，否定や相手を傷つけるような表現はしないように伝える。
> - アドバイスは具体的に，相手の行動が広がるような視点で行うとよいことを伝える。
> - 全体でのわかちあいの時などに，実習中に観察していたことが大事なデータとなることがある。グループやメンバーの動きをよく観察しておく。

3　ふりかえり・わかちあい（20分）

1）個人記入（10分）

　ふりかえり用紙に各自記入する。

2）グループ内でのわかちあい（10分）

　全員がふりかえり用紙に記入し終わったら，グループごとにふりかえり用紙に記入したことを一人ひとり項目ごとに発表し，わかちあう。

4　全授業を通してのコメント（10分）

1）全授業を終えるにあたってのわかちあいとコメントをする。これまで15回の授業を通じて，学生に対してどのような学びや気づきがあったかなどを聞いたり，教員が気づいたりしたことなどをコメントする。

Point
●いままでの授業をふりかえり，教員の思いや気持ちを伝える。 ●学生一人ひとりが全15回を取り組んだことについてねぎらったりするのもよい。

5　課題リポートの説明（5分）

1）「課題リポート」を配付し，課題リポートの内容，作成方法，提出方法について説明する。

Point
●思考を切り換え，課題リポートについて，提出様式とポイントを伝える。

15 自分で創るこれからの 大学生活を考えてみよう

【配付資料】

「自己形成」 第15回目プログラム

自分で創るこれからの大学生活を考えてみよう

【今日のねらい】
・自分の想いを実現・達成するプロセスをつくる

日程表　　年　　月　　日

授業開始	ジャーナル、名札を受け取る
5分後	今日の予定とねらいについて
	実習「僕らはみんな生きていく。どうやって？」 ・導入 ・実習の実施 ・グループ内での紹介とアドバイス
55分後	ふりかえり わかちあい 全授業を通してのコメント
85分後	課題レポートの説明
授業終了	

実習「僕らはみんな生きていく。どうやって？」

私たちは人生を歩んでいきます。その歩み方は人それぞれです。速足で歩く人もいれば、ゆっくりと周りを眺めながら歩む人もいます。直線で進む人もいるでしょうし、回り道をする人もいるかもしれません。

私たちはどこへ向かって行くのでしょう。"私らしい"歩み方は、どのようなものでしょうか。今回は、「こうなりたい私」を表現したものと前回の「私が大切にしたいこと」をもとに、あなたが"あなたらしく"生きるための具体的な行動プランを考えます。

指示書

1. 前回取り組んだ実習「私が大切にしたいこと」シートを取り出し、そのシートの中から特に大切にしたいことを3つ選んで、ワークシートの「大切にしたいこと」のところに書いてください。
2. まず、あなたがなりたい私のイメージを想像してください。
3. それは何年後ですか？
   最初にワークシートに、何年後かを「□年後のこうなりたい私のイメージ」の□に書いてください。そして、その時の私のイメージを"丸の窓"に、図や形や線や絵で、自由に表現してください。
4. 「こうなりたい私のイメージ」を描いたら、それを文章にしていきます。それはどんな"私"ですか？具体的に書いてください。箇条書きでもかまいません。
5. 「こうなりたい私」になるために、取り組むことを、「具体的な行動プラン」の欄に書きます。その際、必ず10個書き出してください。
   ◇自分がとれる行動かどうかにとらわれず、「～になる」ためには「～が必要だ」、「～が考えられる」といった行動プランを書いてください。
   ◇「～はしない」といった否定的な言い回しは避けましょう。
6. その後、グループに分かれ、紹介します。
7. グループの他のメンバーは、発表する人の話をよく聴いてください。全員の紹介が終わったあと、他のメンバー一人ひとりに、タックシールに、その人宛のアドバイス・メッセージ・エールなどを書いてください。タックシールには必ず「〇〇さんへ」「△△より」と相手と自分の名前を書いてください。
8. 全員がタックシールを書き終えたら、一人ひとりにタックシールを渡してください。タックシールを渡された人は、読んで所定の位置に貼ってください。

A3に拡大するワークシート

＜僕らはみんな生きていく。どうやって？＞

私が大切にしたいこと

□年後の
こうなりたい私のイメージ

↓

具体的な行動プラン

[友だちからのアドバイス、エール、メッセージ]

ふりかえり用紙

1. 今回の実習をとおして、あなたが自分自身について気づいたこと、感じたこと、思ったことはどのようなことですか。

2. グループの他の人の話を聞いて、あなたが気づいたこと、感じたこと、思ったことはどのようなことですか。

3. その他、気づいたこと、感じたことなど、自由に書いてください。

【配付資料】

課題リポート

以下の課題についてリポートにまとめてください。A4用紙、1枚以上。パソコンで作成したリポートの提出をお願いします。

1．この授業を受講して、あなたが学んだこと、気づいたこと、変化や成長したと思うこととはどのようなことですか。各回を振り返り、具体的な体験をあげて書いてください。
2．あなたにとって「いのち」とはどのようなものですか。また、生きていく上で、大切にしたいこと、自分の核となること、自分の軸にしたいと思うことはどのようなものですか。その理由とともに書いてください。
3．これからの大学生活において、取り組んでみたいことを具体的に書いてください。

【提出締切日時】
　●●年●●月●●日・●曜日　●●時までに提出（時間厳守）

【提出場所】
　●●号館●●階　●●学部　●●の部屋の前のボックス。
　各担当の先生のファイルに入れる。
　※各自、自分のリポートのコピー(控え)を取っておくこと。

【形式】
・表紙を作成すること。
　表紙には、授業名、クラス(担当先生名)、名札の No. 、学部、学科、学籍番号、氏名を必ず明記しておくこと。
・字数　A4用紙で1枚に付き40文字30行、明朝体10.5ポイントを基本とする。
・ホッチキスで左上を綴じること。

●講義例

① 「いのち」について

> 「自己形成」第1回目において,『キャリア教育』と『自己形成プログラム』について学生にできるだけわかりやすく説明する。

1 「わたしはどう生きるか」と板書する。レジュメのはじめに描かれているタイムラインを見ながら,キャリア教育科目は,一人ひとりが「どう生きるか」ということに真摯に向き合う科目であることを伝える。
2 人生にとって大事な話,人生の起点ともいえる『いのち』について考えることを提案する。「『いのち』とは何だと思いますか?」と学生に問いかけ,考えてもらう。

Point
●学生が考える時間や意見を言う時間を十分にとるようにする。 ●沈黙の時間を大切にする。 ●ここでの回答に正しい,間違いはない。学生の回答を受け止め,大切に扱うよう心がける。 ●率直な考えを思い切って伝えてもらう。

3 何人かの学生から回答を聴いたら,今度は教員自身の意見を述べる(教員の「自己開示」が大切である)。教員自身がこれまでにいのちについて考えさせられた経験談,記事,書籍,映画,ドキュメンタリーなどを通じて自分が思ったこと,感じたことを伝えるとよい。

コメント例

● 日野原重明・著『いのちのおはなし』（講談社）からの引用
「いのちとはきみたちがもっている時間だといえます。」
一日一日の時間のなかにいのちがあるのです。いのちを無駄にしないということは時間を無駄にしないということです。
「人が生きていく上でもうひとつ大事なこと。それはこころです。」
おたがいに手をさしのべあって、いっしょに生きていくこと。こころを育てるとはそういうことです。自分以外のことのために時間を使おうとすることです。

● 引用した言葉について、教員が思う点を旬な話題と関連づけ、述べる。

例1：戦後復興の日本人の苦労と、〇〇大学の歴史について思うこと
　戦後日本の復興、〇〇大学の復興には、計り知れないほどの人々の努力によって成し遂げられたことを忘れてはならない。そのおかげで今の暮らしがあることに感謝し、自分が次の時代に対して何ができるかを考えることが大事である。

例2：東日本大震災について思うこと
　特に震災を経験して、私たちができることが何かを共に考えたい。震災で亡くなった人数以上の人達が毎年日本で自殺している現状もある。豊かになったはずの日本にいる私たちに何が起こっているのだろうか。私たちはすぐには大きく現状や社会を変えられないが、少なくとも隣にいる人に優しく接することはできる。自己形成では、互いに気づき合うことを大事にしていってほしい。

② 「自己形成」授業コンセプト

ここでは，2回目の授業の配付資料に基づいて，三つのコンセプト（①私の人生：自分を知ること，②私の人生とあなたの人生：他人とかかわること，および③たくさんの人が生きている社会：社会全体や未来を考えること）について簡単に取り上げ，「自己形成」授業の全体的なイメージをもってもらう。その上で，「①私の人生」について特に詳しく説明する。その際，教員自身が，学生時代の学びをふりかえりながら自己開示をすることにより，学生との心の距離を近づける試みをすることも大切なことである。

コメント例

　大学生活には進路や卒業後の不透明さなど，常に不安が付きまとうものです。しかし，今という時を充実させ，時間を大切に積み上げていくことも大切であると思います。また，同時に心を大切にしてほしい，互いに手を差し伸べあって過ごしてほしいと思います。

　過去にどのような時間を過ごしてきたとしても，あるいはどのような経緯で大学に来たとしても，皆さんはこうして，今という時を一緒に過ごしています。皆さんが入学してから今までにも，できるようになったことがありませんか？　アルバイト，一人暮らし，車の運転など……，いろいろあるのではないでしょうか。人との比較ではなく，自分の過去と現在を比較してみてください。かならず成長しているところがあるはずです。

　私自身の経験で恐縮ですが，高校時代の私は教員志望で，教員免許を取ることができる国立大学を目指していましたが，現役で希望する大学にはいけませんでした。しかし，いま振り返ってみても，学内活動や友人との交流など，高校生活が充実していたので，希望の大学に行けなかったことに後悔はありませんでした。そのため，私を受け入れてくれた短期大学への進学を前向きに捉えることにしました。私は夢をあきらめず，その夢の実現のために次の生き方を見つけようと思いました。簡単ではなかったけれど，自分なりの歩みの中で，こうして教壇に立つこともできました。一つの事実だけで物事のすべてが決まるわけではないと思います。どんなに努力をしても常に希望通りの結果が得られるわけではありません。それでも，あきらめることなく，ときに一旦立ち止まりながら，現在に至る経緯を振り返ってみる（内省する）ことも必要です。例えば，時間の使い方はどうだったか，他の方法はなかったかなど自分自身に問いかけ，分析し，できるだけたくさんの課題を挙げ，一つでも克服できるような一歩を踏み出す努力を重ねていくことが大事だと思います（ここでいくつか具体例を挙げる）。そうしていくことにより平坦ではないジグザグ道ではあっても，自分らしい人生を創っていくことができるのではないかと思います。

　次回詳しく説明しますが，自己形成で繰り返し行われる体験学習は，実習，ふりかえり，わかちあいを行うことによって，その成長サイクルを体得することを促します。ひとりではない，クラスメイトの力も借りながら，互いに成長できるようなクラス運営に努めたいと思います。

③ ジョハリの窓

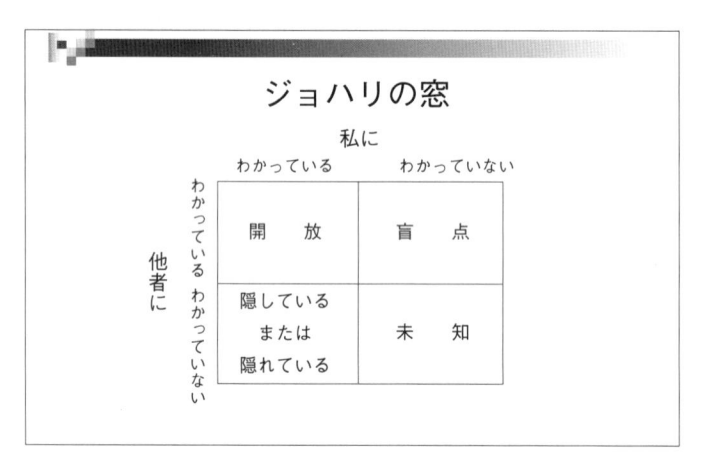

1　ジョハリの窓

「ジョハリの窓」は1955年にアメリカの臨床心理学者ジョゼフ・ラフトとハリー・インガムが「対人関係における気づきの図解式モデル」として発案したものである。発案者2人の名前を合成し，「ジョハリの窓」と名づけられた。

「ジョハリの窓」は，横軸に「私にわかっている」，「私にわかっていない」を，縦軸に「他者にわかっている」，「他者にわかっていない」を設定した，4つの領域に区切られている（図1）。

	私に わかっている	私に わかっていない
他者に わかっている	開放	盲点
他者に わかっていない	隠している または 隠れている	未知

図1　ジョハリの窓

1) 左上の領域

「私にはわかっていて，他者にもわかっている」を「開放 (open)」の領域と呼ぶ。私自身が自分の情報について他者にオープンに伝えている領域である。それは名称や性別といった自分の属性ばかりでなく，自分の感情，態度，思考なども含まれる。

2) 左下の領域

「私にはわかっていて，他者にはわかっていない」を「隠しているまたは隠れている (hidden)」の領域と呼ぶ。私のことについて他者には知らせていない，知らせたくない，知ってほしくないといった領域である。私としてはそこに触れたくない，触れてほしくないという思いもあり，コミュニケーションが滞る原因にもなりうる。

3) 右上の領域

「私にはわかっていなくて，他者にはわかっている」を「盲点 (blind)」の領域と呼ぶ。自分が気づいていない私の癖や行動のパターンが，他者には

見えているということがある。私がとった自分の言動について，私が私について思ったこと，感じたことがあった場合，その自己評価が低かったりネガティブであったりしても，他者からするとその言動がポジティブに受け入れられていたり，他者にとっては意味があったり，役立っていたりするようなことがある。

4）右下の領域

「私にはわかっていなくて，他者にもわかっていない」を「未知（unknown）」の領域と呼ぶ。埋もれている，あるいは知られざる自分の領域といえる。潜在する部分ともいえ，「未開拓」の領域ともいえる。

2　自己開示とフィードバック

「ジョハリの窓」を対人関係におけるグループダイナミックスの視点から見ることにより，「私」と「他者」のかかわりに動的な変化のプロセスが期待される。「私」と「他者」が知り合い，信頼関係を築き，協働することを学んでいき，結果として互いの成長を支援しあう関係を築くことができる。

そのための一つは，「私」にはわかっていて，「他者」にはわかっていないこと（つまり，「隠しているまたは隠れている」領域をオープンにしていくことである。「私」が自分の思っていることや考えていること，自分の気持ちを「他者」に伝えようとする時は，次のような懸念が生じるものである。「こんなことを言ってもよいのか」，「こんなことを言ったら笑われないか」，「自分の言うことを相手は受け入れてくれるだろうか」。特に互いの関係性が浅い場合は，その懸念は強くなる。「他者」は，「私」の考えや意見，感情，動機，欲求，自己概念などについて，気づいていなかったり，知らないかもしれないし，関心をもっていないかもしれない。あるいは「私」のことを推測して見ているかもしれない。そのような関係性の中で，「私」が自分自身を明らかにしていく，自分のありようを自他ともにオープンにしていく（自己開示をする）ことで，「他者」は「私」をより明確に認知することになる。これは，ジョハリの窓における「自己開示」をすることで，「開放」の領域を下へ広げ，「隠しているまたは隠れている」領域を狭くしていくことに相当する（図2）。互いが「自己開示」をしていくことにより防衛機制が減少し，自由で安全な雰囲気が醸成され，信頼関係は深まっていく。また，勇気を出して「私」を「他者」に知らせるという行為自体が，正当な自信の強化につながることから，自己の主体性を確立することにも役立つ（柳原，1992）。

もう一つは，「私」にはわかっておらず，「他者」にはわかっている領域を広げることで，これは「フィードバック」と呼ばれる行為により行う。ジョハリの窓では，「開放」の領域を右に広げ，「盲点」の領域を狭くしていくこ

とに相当する（図2）。「私」がとった自分の言動は，自分自身を含め「他者」にもなんらかの影響を与える場合がある。「私はこのグループに対してなんら貢献できなかった」，「私が言ったことでグループが混乱した」と「私」が思ったとしても，「他者」からは「あなたがじっくり聞いてくれたおかげで，私は自分の気もちが受け入れられている感じがして，言いやすかった」，「グループの話し合いが一方向に偏らず，新たな視点で話し合うことができるようになり，活性化につながった」というような「フィードバック」をもらうことがある。「フィードバック」は，「私」に新たな気づきをもたらすことが期待される。「フィードバック」はいつも「私」にとってポジティブなものとは限らない。しかし，たとえその「フィードバック」が「私」にとっては耳触りのよくないものであったとしても，「他者」にはそのように見えたということは，「私」の学びとなりうる。「私」がこれからそのことをどう活かしていくか，醸成していくか，「私」が考える起点になる。

　「私」の「自己開示」は，「他者」にとっての「フィードバック」となる。両者がともに，そして徐々に互いの「開放」の領域を広げていくことにより，両者の信頼関係は深まっていく。「自己開示」と「フィードバック」により「開放」の領域が広がっていくことで「未知」の領域が狭まっていく。「未知」の領域が減り，「開放」の領域が増える。新たな「私」との出会いが「私」の「発見」につながり，開拓され，それからの変化，成長につながることが期待される。

3　「ジョハリの窓」の説明のポイント

1) 黒板に4つの領域（開放，隠しているまたは隠れている，盲点，未知）を書き，自分自身の体験などで具体例をあげながら説明するとよい。

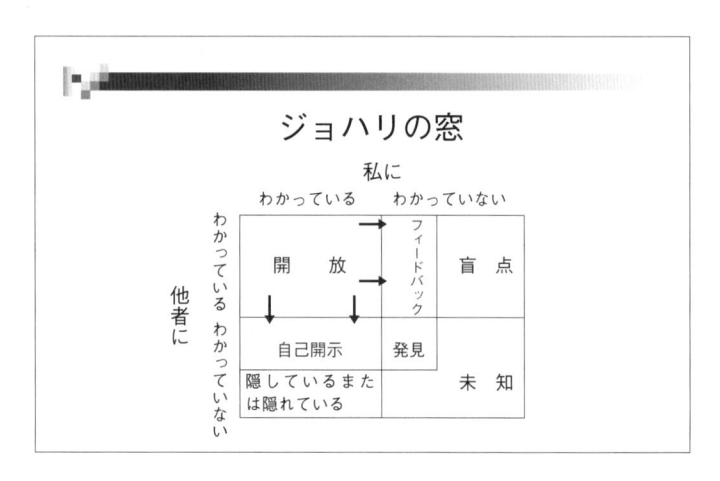

図2　「ジョハリの窓」での自己開示とフィードバック

2）次に，「開放」の領域から下に矢印を向け，「自己開示」を説明する。「開放」領域が広くなり，「隠しているまたは隠れている」領域が狭くなることを示す。「自己開示」では，すべてのことをオープンにする必要はないが，自分の開放領域を広げていくことで，自分にも他者にもわかっていることが増えて，関係性も深まっていく可能性があることを伝える。

3）次に，「開放」領域から右に矢印を向け，「フィードバック」を説明する。「開放」領域が広くなり，「盲点」領域が狭くなることを示す。「フィードバック」は，自分が他者に何でも言いたいことを言えばよい，ということではない。「フィードバック」の説明をするときには，以下の留意点も伝える。

フィードバックをする際の留意点：
☐ 具体的なデータをもとに伝える
☐ データは制限的に（いつもそうなのではなく，ある時，ある状況の中でのデータとして）伝える
☐ 見えたことだけでなく，私に与えた気もちも伝える
☐ 良い悪いは言わない（評価しない）
☐ 相手が受け入れやすいように伝える
☐ 第一人称で伝える（「わたしは……」）
☐ こうしなさい，こういうふうになりなさい，など言わない（フィードバックをしてどうするかは相手が決めることである）
☐ 押しつけない
☐ 相手が変えること，変わることが可能なことに限る

④ リーダーシップ

1 リーダーシップとは

　リーダーシップはリーダーがもつものと考えられがちであるが，近年の研究ではリーダーが必ずしもいつもリーダーシップを発揮するものとは限らないという考えが一般である（たとえば，Pearceのシェアード・リーダーシップ論など）。

　本授業は，学生にグループで一つの活動に取り組んでもらいながら，課題の内容やグループの状況，メンバーの構成や状態などを見て，自分がとりうるリーダーシップは何かを考える。そして，他の人やグループに対して，行動に移してみる場とする。本授業では，PM理論に基づき，リーダーシップのありようを示す資料を紹介しながら学生に解説していく。

2 PM理論

1) P理論のPはPerformance，MはMaintenanceを意味する。P機能は課題達成機能で，課題解決や目標達成を指向する働きである。仕事や課題の達成に寄与，貢献するリーダーシップとして扱われる。
    ①発議する，口火を切る（途中でも）。
    ②情報，意見，アイデアなどを提供したり，求めたりする。
    ③メンバーが言った情報，意見，アイデアなどを明確にしたり，吟味したり，解釈したりする。
    ④メンバーが言った情報，意見，アイデアなどを関連づけ，まとめや締めくくりをする（途中でも，終わりでも）。
    ⑤作業や話し合いの進め方や手順を確認したり，提案したりする。
    ⑥同意をとりつけたり，意見が一致したかどうか確認したり，意思決定に働きかけたりする。
    ⑦記録したり，時間管理をしたりするなど，管理面で貢献する。

2) M機能は目標達成とは直接関係はないが，集団内に友好的な雰囲気を作り出す働きである。メンバー一人ひとりがグループの一員として存在，参加し，機能するよう働きかけるリーダーシップである。
    ①あたたかく励ましたり，支えたり，参加を促したりする。
    ②雰囲気をつくったり，メンバーの感情や気持ちを問いかけたり，グループで共有したりする。
    ③メンバー間の緊張を和らげたり，調和をはかったり，仲を取りもったりする。
    ④グループの話し合いや意思決定に納得した上で妥協する。

⑤グループにある暗黙の決まりごと（発表順，役割など）に対して働きかける。
⑥コミュニケーションを促進させる働きをする。
⑦グループの現状（メンバーの参加の様子，発言する量のバランス，メンバー間のかかわり合いなど）を観察して，現状をフィードバックする。

3　本授業がねらうリーダーシップ

　一つの課題や目標に取り組むときに，グループはその解決や達成に向け集中する。そのなかで，課題や目標の内容に不得手な者がいる場合がある。また，グループの誰か一人がリードし，その者に任せっぱなしにする場合もある。あるいは，課題解決や目標の達成のプロセスやスピードについていけなかったり，何をしているのか，どこに向かおうとしているのかわからなくなったり，一部のメンバーやグループに預けてしまう場合もある。

　グループが活動的である時，グループのメンバーは一人ひとりが有機的につながり，グループとして成長していく環境がつくり出される。メンバーの一人ひとりが今グループに対してできることを考え，行動する。そのためのリーダーシップとはさまざまなものがあり，自分には自分がやれるリーダーシップがあることを，本授業を通して学生たちに学んでもらうことをねらいとする。

●補足資料

① ふりかえりとわかちあい

(1) ふりかえり

　体験学習でのふりかえりは，基本的に「ふりかえり用紙」を使う。ふりかえり用紙は定型化されたものでなく，実習ごとに内容を変える。

　ふりかえり用紙の内容は，実施する実習の「ねらい」に基づいて検討される。「ねらい」に即して作成されたふりかえり用紙に，学生は自身の気づきや学びのデータを書き出す。

　ふりかえり用紙の記入は，学生が実習をし終えた後に行う。実習で体験したことは時間の経過とともに薄れてしまうため，できる限り思い起こしやすいうちにふりかえり用紙記入の時間をもつ。

　体験学習の循環過程を回す上で，ふりかえり用紙の記入の時間を確保することは重要である。授業全体の計画を立てる際に時間配分は検討されるが，時として予定した時間配分を超えて実習などを行わざるを得ないことがある。そうした場合であっても，残りの授業時間を考慮してふりかえり用紙の時間を確保する。

　特に体験学習を導入する初期のころ，ふりかえり用紙を記入することに慣れていない学生にとって，体験して自分に起こったことなどをしっかり思い起こすことがむずかしかったりする場合がある。また，学生や実習の内容やグループの人間関係，あるいは学生の言語化する能力によっては，ふりかえり用紙を記入することができなかったり，ためらったり，困惑したりする学生もある。ふりかえり用紙は，その後の「わかちあい」をするためのもととなるため，記入されることが望ましい。そのためにふりかえり用紙への記入を促すことも必要となる場合がある。ただ，ふりかえり用紙を記入しない，あるいはできない学生にどのようなことが起こっているかを「みる」ことは大切である。学生がふりかえり用紙を書いていないことを咎めたり，責めたりするのではなく，まさに学生自身がその時に自分に起こっていることへと意識を向けるよう働きかけることも，学生がその後の体験学習からの気づきや学びを深めていく上で教員がかかわりうる選択肢の一つである。

　実習で正解が得られなかったり，うまくいかなかったり，実習の時間内で実習が完結しなかったりしたグループの学生の中には，ふりかえり用紙の記入に気持ちを切り替えることができなかったり，実習の結果に引きずられたりする者もいる。学生にふりかえり用紙の記入に集中してもらう環境を整えることが大切となる。

　実習に取り組んでいる学生の様子や状況を見て，実習に割り当てた時間の延長を検討するのも一案である。その際には，その後のふりかえり用紙記入，わかちあいを含めた時間の再配分が必要となる。実習時間を延長することで不公平感が出たり，延長することがむずかしい場合は，実習からの気持ちの切り替えとふりかえり用紙を記入することに集中する働きかけが求められる。

(2) ふりかえり実施のポイント

1. 特に最初の授業などにおいて，なぜふりかえりをするのか，ふりかえりとはどのようなことをするのか，その目的と意図を説明する。
2. ふりかえり用紙の内容は，学生の理解を促す上でも1問1問読み上げるなど，解説を加えながら説明してもよい。
3. ふりかえり用紙は回収しないことを伝える。ふりかえり用紙の記入は，学生自身の学びのためであり，記入するにあたって自分に起こったことに対して素直に，自由に書くよう促す。
4. ふりかえり用紙記入のための時間をあらかじめ伝える。

5 書かない学生に対して，書くことを促したり，書かない，あるいは書けない理由を聞いたりすることは選択肢の一つであるが，書かないことで学生にどのようなことが起こっているかを問う働きかけもその一つである。

6 設定していたふりかえり用紙記入のための時間が過ぎたとしても，学生の様子や状況，残った時間の配分を考えて記入時間の延長を検討する。ふりかえり用紙に向き合う時間は，その後のわかちあいの深まりに影響する。できる限り学生が自身について内省する時間をもてるようにする。場合によっては，学生にどれくらいの時間があると書き終えられるか問いかけることもできる。

7 ふりかえり用紙を書く進み具合は，学生によってまちまちである。場合によっては，早く書き終えた学生同士がおしゃべりを始めたりすることがある。さらに丁寧にふりかえることを促すことも一つであるし，他の学生が内省していることに対して協力を促すこともできる。

(3) ふりかえり用紙の作成

教員は，授業の初めに導入の講義としてその日のねらいを説明する。ねらいは，教員がその日の授業はなぜそのような内容を行おうとしているのか，意図しているところや目標はなにか，を表している。学生はねらいを聞いて，その日に取り組むプログラムは何を目指しているか，自分はどのように臨もうか，などを考える。

ふりかえり用紙は，その日の実習のねらいと一貫性のあるものである必要がある。ねらいに基づいて，学生が実習に取り組んだことをできる限り丁寧にふりかえられるような内容であることが求められる。ふりかえりをすることで自分や他の学生に起こっていたこと（データ）を思い起こし，そこから内省することを促す内容にする。たとえば，

- 自分はどのような言動をしたか。
- そのことから自分自身についてどのようなことに気づいたか，思ったか，感じたか。
- 他の学生にはどのような言動があったか。それをどのように見たか。そのことから受けた影響はどのようなことがあるか。
- そのことから他者について気づいたこと，感じたこと，思ったことはどのようなことがあるか。

などが考えられる。ふりかえり用紙では，主にねらいに即した問いかけをするため，学生がそれ以外で気づいたことや感じたことなどを書く項目として，「その他，気づいたこと，感じたこと，思ったこと」という設問を設けたり，体験学習の循環過程の仮説化を問う「次回，どのようなことを試みたいか」等を載せたりする場合もある。

また，その日の授業の構成を考慮し，予定したふりかえり用紙の記入時間内で学生が書き終える程度の項目と内容にする配慮を要する。最初の授業では学生はふりかえり用紙の記入に慣れていないことが多いので，より書きやすい内容や項目数にすることも考慮する。授業回数を重ねていくと学生もふりかえり用紙を書くことに慣れ，その後のわかちあいにふりかえり用紙がどのように使われるかも理解してくることが多いので，より深まった内容にしても受け入れやすくなったりする。授業のねらいと回数，学生の様子や状況などを考慮して，ふりかえり用紙の内容を検討する必要がある。

教員は学生が書き終えたふりかえり用紙は原則として回収しない。教員は常にふりかえり用紙の工夫や修正などを考えることが望ましい。そのために，たとえば次の視点が参考になろう。

- ねらいに即した内容だったか。
- 問いの項目数は妥当だったか。
- 問いの内容は適切だったか。
- 問いの表現はわかりやすかったか（学生に受け入れやすい問いだったか）。
- 学生はどんなところで書くことに躊躇や戸惑いを感じていそうだったか。
- ふりかえり用紙記入のための時間は十分だったか。
- どのような点が工夫したり，修正したりできるか。

(4) わかちあい

共通の体験をしたグループで，ふりかえり用紙をもとにわかちあう。同じグループ体験をした学生同士であっても，自分が自分について，他の学生について，そしてグループについて気づいたり，感じたり，思ったことと，他の学生のそれとは異なる場合がある。ふりかえり用紙に記入して自分自身を内省することとともに，他の学生がふりかえり用紙に書いたことを聞いたり，自分について書かれたことのフィードバックを受けたりすることは，学生の今の自分のありよう，傾向や特徴を知ることに役立つ。

わかちあいを行うために大切なことは，まずはふりかえりがきちんとできていることである。わかちあいでは体験したこと，起こったことをもとにわかちあうため，どのようなことが起こっていたか，学生個人がどのようなことに気づいたか，感じたか，思ったかなどが明らかになっていることが望ましい。それらデータのやりとりが学生相互の気づきや学びを深める。

わかちあいでは，学生の自己開示が求められる。体験学習を導入する初期のころは，学生の中にはふりかえり用紙に記入した自分に起こったことを開示することに恥ずかしさを感じたり，抵抗を示したりする場合もある。特に他の学生に対して気づいたこと，感じたこと，思ったりしたことを開示することを躊躇したり，懸念を抱く学生は多い。わかちあいで自分に起こったことを伝えるのは，他の者を評価したり，他の者から評価されたりするためのものではない。自分の中で起こったことを明らかにすることは，むしろ自分を大切にすることにつながる。さらには，自己開示することで他の学生の気づきや学びに役立つことが期待される。グループでのわかちあいは，学ぶ者同士の相互の気づきや学びの扶助活動ともいえる。

わかちあいは，基本的に学生が記入したふりかえり用紙を学生が順に読み上げていく形式をとる。ふりかえり用紙の記入の際に，学生自身の学びのために素直に，自由に書くことを促している。また，ふりかえり用紙は回収せず，本人しか見ないことも伝える。わかちあいで自己開示を促しても，ふりかえり用紙に記入したことのすべてを読み上げることによるその後の学生同士の関係に対する懸念や恐れを感じる学生もある。わかちあいにおいて，ふりかえり用紙に記入したことを開示することは大事であるが，学生が言いたくないこと，明らかにしたくないことは自己の判断で読まなくてもいいことを伝えておく。体験学習による学びの場が，安全な場であるという保証をすることは大切である。そうでなければ，ふりかえり用紙も，わかちあいも，表面的な，形ばかりのものになってしまう恐れがある。ただし，学生の互いの成長のために自己開示を試行することもまた，一つの体験として試みる意味があるということの理解も促すよう心がけたい。

わかちあいの際に，特に他の学生へフィードバックする時，ふりかえり用紙に書いたことを読むのが原則である。わかちあいをする目的と意図から，フィードバックする際の留意点を挙げる（津村・山口, 1992）。

- 記述的であること。
  相手のとった行動を記述的に伝える。評価したり，判断したりしない。
- 「私は……」のメッセージであること。
  相手が行った行動によって自分が受けた影響を伝える。自分のフィードバックに責任をもつ。
- 必要性が感じられること。
  フィードバックの必要性が感じられ，求められたときにする。自分の欲求を満たすためだけで完結させない。
- 行動の変容が可能であること。
  フィードバックされたことから行動が修正できたり，コントロールできる内容であること。
- 適切なタイミングであること。
  指摘される行動があった直後，できるだけ早い時点で行う。
- 伝わっているかどうかの確認をすること。
  相手に自分の言いたかったことが伝わっているかどうかを確認する。
- 多くの人からのフィードバックを受けること。
  一人だけの印象なのか，その他の人たちにとっても共通の印象なのかを知る。

(5) わかちあい実施のポイント

1. 最初の授業において，なぜわかちあいをするのか，どのようにわかちあいをするのか，わかちあいの目的，意図，手順を説明する。また，極力自己開示に努めるよう促す。
2. ふりかえり用紙を読み上げることを原則とする。ふりかえり用紙に書いていないことであっても，わかちあいをしている最中に思い出したり，言いたくなったりする場合がある。他の学生が言っていることで思い出したり，ヒントになって気づいたりすることがある。そうしたことを適時に伝えることもよしとする。
3. ふりかえり用紙に書いたことで，言いたくないことは言わなくてもよいことを伝える。ただし，お互いの成長のため，できる限り自己開示をすることが望ましいことをつけ加える。
4. フィードバックの留意点にふれる。
5. わかちあいをする手順は，原則としてふりかえり用紙の設問ごとにグループの学生一人ひとりが順に述べていくという形式をとる。
6. ふりかえり用紙で他の学生について書く設問がある場合，特定の学生（たとえばAさん）に対して，グループの他の学生がAさんについて書いたことをAさんに順に伝えるようにする。Aさんへのフィードバックが終わったら，Bさんに移り，以下同様に進める，といった形式をとる。
7. わかちあいを開始する前に残りの時間配分を予定する。わかちあいはふりかえり用紙の設問すべてについてわかちあうことが望ましい。しかし，残りの時間が十分確保できないと判断した場合は，わかちあいを行う設問の順番を変えたり，設問を一部省略したりすることを検討する。省略する際は，その授業のねらいに照らして重要と思うものを優先させる。
8. わかちあいの進行は，学生に任せる。教員は見守る姿勢を保つ。わかちあいが進まないグループがあった場合，教員は基本的にそのグループのその場で起こっていることを扱うようにする。学生が進め方や手順を聞いてきた場合などは，きちんと応答することを心がける。
9. わかちあいは学生同士が気づきや学びを深めあっている場である。教員がグループにかかわる場合，基本的に操作的，指示的，恣意的，意図的にならないよう心がける。教員の発する言葉は，その立場からも影響力が大きいことを認識しておく。
10. 仮に，学生自身にその意図はないにしてもそのフィードバックが暴力的になったり，非難や中傷になることが起こった場合，基本的に学生間でその起こったことをどう扱うかを見守る。ただし，状況が変わらない場合や過激である場合など，起こっていることが学生にとって学びにつながらなかったり，安全が阻害されそうであると判断した場合，教員が働きかけをする。その際も，教員はそこで起こっていることを取り上げる働きかけを心がける。
11. 教員が，わかちあいをしている学生の様子や状況を見て，そのフィードバックややりとりが相互に理解されていなかったり，データが明らかでなく具体性に乏しいと感じる場合がある。その場合，教員自身が自分の中で起こっていることを含め，わかちあいのその場で起こっていることを扱うようにすることもできる。
12. 教員は，学生が実習に取り組んでいる様子や状況を見ていることから，わかちあいをしている学生のフィードバックなどを聞いていて，教員自身が感じたこと，思ったことなどを伝えたくなる場合がある。その際，教員自身はずっとそのグループといっしょにいたのではないこと，グループの一員として共通の体験をしてはいないことに留意する必要がある。教員が自身のことばを発する場合も，学生と同様，きちんとしたデータに基づいた上で教員自身の感じたこと，思ったことなどを伝えることが求められる。
13. わかちあいの進み具合はグループによって異なる。わかちあいが早く終わったグループに対しては，例えばフィードバックを受けてどのように感じたか，フィードバックを受けて聞いてみたいことは何か，今回学んだことはどのようなことがあるか，次回にどのようなことを試してみたいかなど，わかちあいを深めていくような問いかけをすることも考えられる。

(6) 全体でのわかちあい

グループでのわかちあいをした後，全体でのわ

かちあいを行う。いくつかあるグループのそれぞれで起こったこと，気づいたこと，学んだこと，感想などを教室全体で共有する。

　その回のねらいや学生が取り組んだ実習が同じものでも，グループが違えば学生がそれぞれのグループで体験したこと，起こったことは異なり，学生が気づいたこと，学んだことなども異なる。教室全体でわかちあいをし，学生が属するグループとは別のグループではどのような体験をしたか，どのようなことが起こっていたかを互いに知る。

(7) 全体のわかちあい実施のポイント
1. 最初の授業などで，教員は全体のわかちあいをする目的や意図，方法などを説明する。
2. できる限り学生の主体的な挙手と発言を歓迎する。
3. 場合によっては，教員がそれまで見ていた学生やグループの様子，状況から判断して，特にその発言を教室全体で共有することが全員の気づきや学びを促進するであろうと考えた学生を指名し，発言を促すことも予定する。
4. 教員は，学生の発言を否定的に扱ったり，批評や評価をしたりしないよう心がける。場合によっては，学生の発言の意図を汲み，教室にいる他の学生が理解を深められるようなかかわり（復唱したり，要約したり，その回のねらいと関連づけたり）をすることを検討する。
5. 教員自身が気づいたこと，感じたこと，思ったことなどを話すこともできる。ただし，それはその回のねらいに則したものであったり，学生の気づきや学びがより深まるものであることが望ましい。特に学生の様子や状況にふれる発言の場合は，できる限り具体的なデータに基づいた上で教員の中で起こったことを話すようにする。
6. 全体のわかちあいは行われることが望ましいが，それまでのプログラムの進み具合により時間の再配分を考えざるを得なくなった場合など，全体のわかちあいを省略することも検討する。

② ジャーナル

　ジャーナルは，その回の授業の最後に学生に書いてもらうものである。ふりかえり用紙は回収することはないが，ジャーナルは授業の最後に提出することを求める。

　ジャーナルでは，その回の授業の始めから終わりまで－ねらいの説明，小講義，実習の実施，ふりかえり，わかちあい，全体のわかちあいなど－の全体を通してふりかえり，記述してもらう。記述する項目としてはとくに定型はないが，たとえば，

- どのような体験をしたか。
- 体験したことからどのようなことに気づいたり，感じたり，思ったり，考えたりしたか。
- 他の学生とどんな関係をつくり，影響や刺激を受けたり，与えたりしたか。
- 次回でどのようなことを試したいか。
- 日常の生活でどんなことに取り組みたいか。

などが考えられる。

　ジャーナルには，原則教員がコメントを書いて，次回の授業の最初に返却する。

　教員が書くコメントは，学生自身の気づきや学びを深めることや以降の取り組みなどを促すような受容的，支持的，支援的であることが望ましい。評価的，操作的，批評的，恣意的にならないよう心がける。

　ジャーナルは，教員にとって学生の様子や状況を把握したり，学生同士の関係性を見ることができるデータとなる。これらのデータは，教員が学生とどのようにかかわるか，グループにどのように働きかけるかなどを検討する材料にもなるし，次回以降の授業の内容や組み立てに活かす手助けにもなる。

　また，ジャーナルは教員が学生と個別にやりとりをするコミュニケーションの手段ともなる。学生から質問や疑問を尋ねられたり，相談されたり，個人的な悩みや問題などを聞かされたりする場合もある。学生からすれば，教員を"品定め"しているケースもあるだろうが，教員がいかにまっすぐに学生と向き合い，誠実に応えていくかが問われる。その積み重ねは，教員と学生の信頼関係を築いていくことになる。教員の応答次第では，学生の次回の取り組みに対しての試行を勇気づける

という影響を与えることもある。そうした一学生の試みは，他の学生に刺激や影響を与えることにもなろう。

学生の書く毎回のジャーナルの内容の変遷は，学生の変化や成長をうかがい知ることができる。それはまた，教員にとっては授業の中身や自身のかかわり方や働きかけを内省し，分析，仮説化し，試行するという，教員の自身の"体験学習"を循環させていくための素材としても活かせる。

③ ファシリテーターとしてのチェック・リスト

体験学習のプログラムを企画し，ファシリテーターとして実施していく上でのチェック・リストを以下に述べる。

① 体験学習のプログラムを考える前に
- ☐ 学生の状況を把握しているか
- ☐ 学生の参加目的を把握しているか
- ☐ 実施場所の状況を確認しているか
- ☐ 自分自身のもつ能力（知識やスキル）を認識しているか
- ☐ ファシリテーターのチームづくりを行っているか（複数で実施する場合）
- ☐ ファシリテーターチームのもつ能力（知識やスキル）を確認しているか

② プログラムの設計にあたって
- ☐ このプログラムで何がしたいか（ねらいの設定）を明確にしているか
- ☐ プログラムの目的や流れに，ファシリテーターの考え方や目的が則しているか
- ☐ 学生のニーズに合っているか
- ☐ どのようなリソース（教材や人材）を活用できるかを考えたか
- ☐ このプログラムの幅広い工夫や試みを吟味したか
- ☐ 物理的状況と実施プログラムは合っているか
- ☐ ファシリテーターチームが余裕をもって実施できるかどうかを確認しているか
- ☐ プログラムの流れは良いか
- ☐ ふりかえり用紙は工夫されており書きやすいか
- ☐ ふりかえり用紙はねらいを達成するのに適切であるか
- ☐ 時間配分は適切に設定されているか
- ☐ 備品や配付物などのリストアップをしているか
- ☐ ファシリテーターチーム全員がプログラムを理解しているか
- ☐ ファシリテーターチームの役割分担はできているか

③ 実施直前に
- ☐ 場所の確認と設営をしたか
- ☐ 備品や配付物などの確認をしたか
- ☐ プログラムの流れの最終チェックをしたか
- ☐ ファシリテーターチームでの最終の打ち合わせをしたか
- ☐ 参加人数などの確認（必要な場合はグループ分け）をしたか
- ☐ 身体的準備（トイレに行く等）をしたか

④ 実施時に
- ☐ ねらいの提示の仕方が明瞭で，学生にねらいの共有ができているか
- ☐ プログラムの目的との関連をふまえて，学生にねらいを提示しているか
- ☐ 学生のニーズを把握しているか
- ☐ 学生は体験学習の学び方について理解しているか
- ☐ やるべき課題が何であるか明確に伝えているか
- ☐ 学生への伝え方（パワーポイント，板書，模造紙の使い方）を工夫しているか
- ☐ 学生はプログラムの全体像をつかむことができているか
- ☐ グループ分けに問題はなく，仲間づくりはできているか
- ☐ 学生相互の間で，どのようなやりとりが行われているかを把握しているか
- ☐ 学生の戸惑いに対する配慮と応答ができているか
- ☐ ファシリテーターとして，自分がどこに目を向けているかを意識しているか
- ☐ ファシリテーターは学生にどのような影響を

与えているかに気づいているか
□ファシリテーターは学生から受けた影響をどのように扱っているか
□実習の進み具合（時間配分等）を把握しているか
□ファシリテーターは目の前で起こっていることに気づいているか
□ファシリテーターは気づいたことを生かしているか
□ファシリテーターは柔軟に対応できているか
□ファシリテーターの働きかけの必要があるかどうかを吟味しているか
□ファシリテーターが自分がもっていきたい方向にもっていこうとしていないか意識しているか
□準備されたプログラムの変更は必要か，必要ならどうするかを考えているか
□ファシリテーター間の連携・協力はできているか

⑤ ふりかえり・わかちあいの時に
□ふりかえり・わかちあいの意味や目的は伝わっているか
□実習実施の時と切り替えができているか
□相互に援助し合える風土はできているか
□学生間の関係に注意を向けているか
□学生の個々の安全に配慮しているか
□ふりかえり用紙は，工夫されており書きやすいか
□ふりかえり用紙はねらいを達成するのに適切であるか
□記入とわかちあいの時間配分は適切か
□学生の現状への配慮（書く場所や休憩のとり方など）がされているか
□ファシリテーターと学生の関係（働きかけなど）のあり方に注意を向けているか

□日常や次の体験にどのようにつなげていくことができるかを考えているか
□全体での学びのわかちあいを行っているか
□学生の気づき・学びを大切にしてコメントできているか

⑥ 実施後
□プログラムは体験学習の循環過程を意識したものであったか
□ねらいと実習などは合っていたか
□学生のニーズは達成されたか（満足度）
□ふりかえり用紙は工夫されており書きやすいものであったか
□ふりかえり用紙はねらいを達成するのに適切であったか
□ふりかえりの記入とわかちあいの時間配分は適切であったか
□帰る時の学生の様子（注意が必要な人がいないかどうか）に注意を向けていたか
□プログラムのねらいはどの程度達成されていたか
□プログラムの内容に，もう少し工夫が必要であったか
□ファシリテーターの働きかけはどのように行われていたか
□ファシリテーターの働きかけは，学生にどのように受け止められ，影響があったか
□行われたファシリテーターの働きかけの他に，どのような働きかけの可能性があったか
□ファシリテーター同士のフィードバックが行われたか
□プログラム全体のふりかえり（①〜⑤の項目がどのように実施されていたか）が行われたか
□学生への事後のフォローのあり方を検討しているか

ふりかえり用紙（教員用）

1　授業前
(1) あなたが予定・想定し，準備したこと，心がけようとしたことは？工夫・苦心したことは？

2　授業
(1)「ファシリテーターの行動基準」にどれくらい沿うことができましたか？そこから気づいたこと，感じたことは？

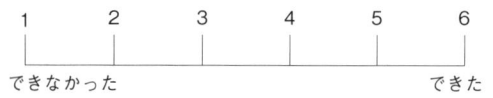

```
      1    2    3    4    5    6
      |----|----|----|----|----|
   できなかった                できた
```

(2) 学生に影響を与えたと思う言動は？どのような影響を与えたと思いますか？

(3) その他，ふりかえって自分のかかわり方や働きかけで気づいたこと，感じたことは？

3　ジャーナル
(1) ジャーナルを読んで思ったこと，感じたことは？

(2) ジャーナルのコメント書きで気をつけたこと，意識したことは？

4　全般を通して
(1) 改善したいところや気をつけたいこと，次に活かしたいことは？

(2) その他，思ったこと，感じたことなど。

おわりに

　戦後の日本の大学教育は、アメリカの教育制度を受け入れてできたものといわれています。アメリカの大学制度の根本精神は「ソーシャル・アダプテーション」、すなわち、社会に適応することです。社会の要請に応えることがその目的です。一方、ヨーロッパでは学問のための学問という位置づけが主流であり、戦前の日本における大学の在り方はヨーロッパ型に分類されることになります。日本ではこの大学教育における二つの考えが整理されていないところから、今日の問題の多くが惹起されているのではないでしょうか。どちらが良い悪いではなく、どちらも重要な役割を果たしています。各大学の建学の精神を礎に、これまでの教育の特色、日本の特色を生かし、来るべき時代を見据えて、どうあろうとしているのかを各大学が社会に提示していく努力をする必要があると考えます。それが USR（University Social Responsibility）、つまり大学の社会に対する責任です。入学者数減少の問題、就職率低下の問題、卒業時の学生の質の問題はそれぞれの大学の固有の問題であるとともに、大学全体にかかわる問題でもあります。今の時代に真にあるべき大学の在り方を考えることです。当然、各大学の解決の仕方は百大学があれば、百通りあることでしょう。

　私たちは、変化の中で、社会を支え、環境を守っていかなければなりません。いつの時代も進化することを目標としてきました。これからの時代はどこに向かって舵を取っていくのかを歴史から学び、今後を見据えて、決断していかなければなりません。いつからか、良い企業は人生を面倒見てくれる企業である、といった他力本願的な考えが蔓延するようになりました。しかし、社会が持続可能でなければ大企業といえども、存続できません。私たち一人ひとりが社会を支え、その恩恵として、私たちの生活があるということを忘れてはなりません。企業の在り方、言い換えると、企業の社会的責任（CSR）が地球環境を大きく揺るがすことになります。企業を支えているのは人間一人ひとりであり、その人間が健全な倫理観をもたなければ、社会の秩序も乱れ、環境は破壊されます。確立された個人の人格が尊重され、また個人も他人の個性を尊重する、すなわち、全体との調和を希求するような社会の到来こそが強く期待されているのではないでしょうか。そこでは豊かな知性と人間性を醸成する教育が必要となっています。

　大学は今こそ、教養科目（リベラルアーツ）を通じて、人間の基本となる教育を再構築する時ではないでしょうか。また、その先の専門性の深耕についても、いわゆるソーシャル・アダプテーションを重視するのであれば、これからの社会の要請を見据えた教育を目指すべきでしょう。低学年次のキャリア教育は、教養科目の教育とそれにつながる専門教育との架け橋になる役割を果たすべき使命を担っています。「備えあれば憂いなし」との言葉があります。しかし、「自己形成」プログラムに基づく授業の実施に当たっては「備えても、備えても憂いあり」というのが実状であり、完璧なものはありえないはずです。「自己形成」に完璧な道がないのと同様です。私たちが設定した理念に基づいた「自己形成」プログラムは、人類における普遍的な願いを込めたものです。時代を超えても国境を越えても根底となりうるとの信念のもとで作成しました。本書が「自己形成」に関する授業を担当されている教員の皆さんにとってひとつの参考となり、さらに各大学において、その環境に応じて発展することを期待しています。本書を利用された皆さまとはフィードバックやわかちあいの機会を設けていきたいと考えています。私たちも今を共に生きる者として、愛を倫理的支柱とし、体験学習の循環過程を回しながら、「いのちのキャリア教

育」のさらなる成長と発展に取り組んでいく所存です。

　本書の内容は長年ともに活動してきたスタッフや協力者，参加者など多くの方々との関わりの中で育まれ，積み上げられたものです。この場を借りて，皆さまにお礼申し上げます。また，本書を出版するにあたっては，株式会社ナカニシヤ出版の編集部米谷龍幸氏には特にお世話になりました。心から感謝致します。ありがとうございました。

執筆者を代表して
ハラデレック裕子

【引用・参考文献】

福田恆存（2015）．『人間の生き方，ものの考え方』文藝春秋

古荘純一（2009）．『日本の子どもの自尊感情はなぜ低いのか』光文社

日野原重明（2007）．『いのちのはなし』講談社

ハラデレック裕子・林　芳孝・間宮基文・小塩真司（2011）．「新たなキャリア教育科目の効果（1）―「自己開拓」の概要と学生の成長」中部大学教育研究，11，43-47.

星野欣生（2003）．「ファシリテーターは援助促進者である」津村俊充・石田裕久［編］『ファシリテーター・トレーニング―自己実現を促す教育ファシリテーションへのアプローチ』ナカニシヤ出版，p.7-11.

星野欣生（2008）．『職場の人間関係トレーニング』金子書房，pp.83-86.

星野欣生（2013）．「ファシリテーションの人間観」津村俊充・星野欣生［編］『実践人間関係づくりファシリテーション』金子書房，pp.1-14.

メリット, R. A.（1975）．「人間関係科の理念」南山短期大学紀要，3，2-19.

メリット, R. A.（1985）．「人間関係における教育の試み―見直された体験学習」人間関係，2・3，9-25.

森崎康宣（1992）．「リーダーシップとは」津村俊充・山口真人［編］『人間関係トレーニング―私を育てる教育への人間学的アプローチ』ナカニシヤ出版，pp.58-61.

中間玲子（2007）．「自尊感情の心理学」児童心理，61，884-889.

小塩真司・ハラデレック裕子・林　芳孝・間宮基文（2011）．「新たなキャリア教育科目の効果（2）―「自己開拓」による学生の心理的変化」中部大学教育研究，11，49-54.

小塩真司・ハラデレック裕子・林　芳孝・間宮基文・後藤俊夫（2012）．「キャリア教育科目「自己開拓」の効果―2011年度の授業について」中部大学教育研究，12，105-110.

Rosenberg, M.（1965）. *Society and the adolescent self-image.* Princeton University Press.

桜井茂男（2000）．「ローゼンバーグ自尊感情尺度日本語版の検討」筑波大学心理学研究，12，67-71.

佐藤友美・小塩真司・ハラデレック裕子・林　芳孝・間宮基文（2013）．「キャリア教育科目「自己開拓」の効果―2012年度の授業について」中部大学教育研究，13，43-49.

白井利明（1991）．「青年期から中年期における時間的展望と時間的信念の関連」心理学研究，12，260-263.

津村俊充（1992）．「成長のためのフィードバック」津村俊充・山口真人［編］『人間関係トレーニング―私を育てる教育への人間学的アプローチ』ナカニシヤ出版，pp.70-72.

津村俊充（2012）．『プロセス・エデュケーション―学びを支援するファシリテーションの理論と実際』金子書房，pp.215-216.

津村俊充・林　芳孝・杉山郁子（2008）．『ラボラトリー方式の体験学習実施に向けたファシリテーターガイドブック』「自ら学ぶ姿勢の学生」をつくる教員の教育力向上プログラムの開発プロジェクト，pp.113-115.

津村俊充・石田裕久［編］（2003）．『ファシリテーター・トレーニング―自己実現を促す教育ファシリテーションへのアプローチ』ナカニシヤ出版

浦上昌則（1995）．「学生の進路選択に対する事故効力に関する研究」名古屋大学教育学部紀要，42，231.

柳原　光（1992）．「ジョハリの窓―対人関係における気づきの図解式モデル」津村俊充・山口真人［編］『人間関係トレーニング―私を育てる教育への人間学的アプローチ』ナカニシヤ出版，pp.66-69.

横浜市学校GWT研究会（2005）．『学校グループワーク・トレーニング』遊戯社

■監修者紹介

星野欣生（ほしの よしお）
南山短期大学名誉教授：監修の言葉

　1930年大阪生まれ。京都大学法学部を卒業後，家庭裁判所調査官（少年，家事），ビジネスコンサルタントを経て，1974年南山短期大学人間関係科に教員として勤務。就職委員長，学科長，副学長，南山学園理事を歴任。1979年7月から1年半米国SIT（修士コース）に留学，ラボラトリー体験学習法を研究。2001年から同短大名誉教授。かたわら，現在に至るまで，企業，医療看護，学校教育，役所，生涯教育の分野で体験学習法による人間関係づくりトレーニングを実施している。研究分野は，集団・組織論，人間関係論，人間関係トレーニング，体験学習法。

■編集者紹介

牧野英克（まきの ひでかつ）
中部大学教授／クリスタルクリエイト株式会社顧問／元ＮＥＣ法務文書部長

　1946年北海道生まれ。北海道大学法学部を卒業後，1968年，ＮＥＣに入社。38年間の会社時代には，主として法務・総務畑を歩み，法務課長，法務文書部長，主席法務主幹などを歴任する。その間，米国ワシントン大学ロースクールに留学し，1972年に修士号（ＬＬ.Ｍ）を取得する。また，1986年から1991年にかけてＮＥＣアメリカ社に出向，コーポレートセクレタリとしてニューヨークに駐在する。2001年からはＮＥＣソフト（現ＮＥＣソリューションイノベータ）の執行役員として，知的財産，広報，ＣＳＲ（企業の社会的責任）部門などを担当する。会社生活終了と同時に2006年4月から中部大学経営情報学部経営学科の教授に就任し，経営法学，契約法，市民法，社会人基礎知識などの講義を受け持つとともに，社会人向けの大学院ＭＢＡ修士コースにて経営法務を担当する。企業不祥事の未然防止に向けて風通しの良い健全な企業風土を醸成していく経営の在り方（遵法経営の推進）について研究している。

■著者紹介

[4章を除くすべて]
ハラデレック裕子（はらでれっく ゆうこ）
クリスタルクリエイト株式会社 代表取締役社長

　1974年生。南山短期大学人間関係科卒業後，日本語教育を学ぶ。大手語学教育機関にて，日本語研修および法人向け研修に携わる。結婚を機に，独立。就職対策講座の企画・講師に従事するとともに，キャリアカウンセラーを務め，キャリア教育の分野においては草分け的存在。近年では，大学のキャリア支援関係者や教員対象に，講演や研修を行う。また，2010年から2011年中部大学経営情報学部共通教育科，2012年全学共通教育部の特任准教授に就任し，キャリア教育科目の立ち上げに従事する。2014年，長男の米国での中学進学を機に一父兄としてPTAやチャリティー活動を通じて同国における教育に関わる。同年，日本での教育活動においては，クリスタルクリエイト㈱が実践してきた大学生を中心とする教育活動を基盤として「愛自道」を教育理念とする私塾「蓮花学院」を設立。表千家講師。宮下初子教授に師事し，茶の湯同好会「壱の会」を主宰。理念を体現すべく体験学習の循環過程を実人生にて回し続け，その普遍性について研究している。

林　芳孝（はやし よしたか）
クリスタルクリエイト株式会社 常務執行役員

　1957年生。慶應義塾大学法学部法律学科卒業後，情報機器メーカーにて海外営業，商品開発，新事業開発等に従事する。同社を退職し，国際協力事業団（現・国際協力開発機構）からの派遣によりブラジル国リオデジャネイロ市において移住者・日系人への支援活動を行う。任期満了帰国後，社会保険労務士資格を取得し，社会保険労務士事務所を開所。この地球に生きる人一人ひとりが幸せに生きられる社会に変えていく一翼を担うことを目指して南山大学大学院でファシリテーションを学び，修士（教育ファシリテーション）。現在，大学の非常勤講師として「キャリア開発」を担当するほか，学校，団体，企業を対象にコミュニケーション，リーダーシップ，ファシリテーター養成等の研修を実施している。

間宮基文（まみや もとふみ）
クリスタルクリエイト株式会社 常務執行役員
　1955年生。中央大学理工学部卒。転職を経て，1989年に企業内研修の企画・実施する講師派遣の会社へ入社。そこで，企業向けラボラトリー方式の体験学習を企画・実施する。1997年人材育成を目指し独立。また，2004年南山大学大学院教育ファシリテーション専攻に，2011年日本福祉大学大学院心理臨床専攻に社会人入学し，ファシリテーションと心理臨床を学ぶ。現在は，大学の学生相談員やメンタルヘルス対策会社のカウンセラーとして活躍している。また，災害支援や中間支援のNPO，国際協力のNGOなどで活動した実績がある。シニア産業カウンセラー，キャリア・コンサルタント（日本産業カウンセラー協会），バイオ経営士。修士（教育ファシリテーション，心理臨床）。

戸上昭司（とがみ しょうじ）
NPOコンサルタント／クリスタルクリエイト株式会社嘱託
　1973年生。名古屋大学大学院理学研究科修了。神戸大学在学中，下宿先で阪神大震災に被災。友人の死と，避難所におけるボランティアとの3ヶ月間の避難生活で，いのちの儚さと人のつながりの大切さを実感する。大学院修了後，経営コンサルティング会社勤務を経てフリーランスとして独立。組織と個人に対し，理念形成を軸にしたコンサルティング・カウンセリング等を行うほか，過疎地域など地域再生に取り組む。2011年の東日本大震災以降は，岩手県・福島県にて現地NPO等の支援を行う。2015年に福島県内で「起業の学校・福島キャンパス」（NPO法人起業支援ネット主催）を立ち上げ，コミュニティビジネス起業家の育成に携わっている。

[第4章]
小塩真司（おしお あつし）
早稲田大学文学学術院教授　1972年生。名古屋大学教育学部教育心理学科卒業後，同大学院博士課程前期課程，同後期課程修了（2000年）。2001年10月より中部大学講師，その後助教授，准教授（名称変更）。中部大学時代には，キャリア教育科目立ち上げ時の委員を務めた。2012年4月より早稲田大学文学学術院准教授。2014年4月より同教授。専門は，パーソナリティ心理学，発達心理学。ヒトのパーソナリティ（性格）や思考スタイルなどの測定と変化・発達，適応過程などを研究している。統計処理ソフトウェアSPSSやAmosのテキスト，パーソナリティ心理学のテキストや啓蒙書も多数。

編集企画：クリスタルクリエイト株式会社

　1999 年に創業。一人ひとりのポテンシャルを最大限に引き出すこと，思いやりの心を育むこと，真理を追究し，平和な社会を共に創造することを教育目標とする。若者が夢や希望を持てる職場・企業・社会環境を創るサポート事業を推進。中部地区の大学で 10,000 名以上の学生にキャリア教育を実施する。

　創業 15 年目，企業理念「あらゆる『いのち』の尊厳のために，『愛』を倫理的支柱に据え，豊かな知性と人間性の醸成に貢献し，個の確立と全体との調和を目指します」を掲げる。この企業理念の下で，2014 年，これまでの教育経験を基盤に私塾「蓮花学院」を立ち上げる。「人生は芸術である」をスローガンに子どもから大人までを対象に知性と人間性の醸成を目指した学習の場の創出に努めている。

　クリスタルクリエイト株式会社ＨＰ：http://www.crystalcreate.com/
　蓮花学院ＨＰ：http://www.lenka-school.com/

　クリスタルクリエイトでは，本書「いのちのキャリア教育」に基づく研修を行います。ご関心のある方は，弊社ＨＰをご覧ください。

　本書第Ⅱ部の配付資料（pdf ファイル）を希望される方は manual@nakanishiya.co.jp へ，お名前，ご所属，目的，どれくらいのクラス規模でのご利用を検討されているかを明記の上，お問合せください。本書へのご意見・ご感想および今後の改訂についてのご要望・ご希望もお待ちしています。

いのちのキャリア教育
セルフエスティームを高める自己形成プログラム

2016 年 3 月 1 日　初版第 1 刷発行　　（定価はカヴァーに表示してあります）

　　監　修　星野欣生
　　編　者　牧野英克
　　著　者　ハラデレック裕子
　　　　　　林　芳孝
　　　　　　間宮基文
　　　　　　小塩真司
　　　　　　戸上昭司
　　発行者　中西健夫
　　発行所　株式会社ナカニシヤ出版
　　〒606-8161　京都市左京区一乗寺木ノ本町 15 番地
　　　　　　　　　Telephone　075-723-0111
　　　　　　　　　Facsimile　075-723-0095
　　　　　　　　　郵便振替　01030-0-13128
　　　　　　Website　http://www.nakanishiya.co.jp/
　　　　　　E-mail　iihon-ippai@nakanishiya.co.jp

装幀＝白沢　正／印刷・製本＝ファインワークス
Copyright © 2016 by Y. Hoshino, H. Makino, Y. Hladilek, Y. Hayashi,
　　　　　M. Mamiya, A. Oshio & S. Togami
Printed in Japan.
ISBN978-4-7795-1012-0

本書のコピー，スキャン，デジタル化等の無断複製は著作権法上の例外を除き禁じられています。本書を代行業者等の第三者に依頼してスキャンやデジタル化することはたとえ個人や家庭内の利用であっても著作権法上認められていません。